FIVE LETTER WORDS

The Ultimate Wordle Reference

ISBN: 9798416097196 (paperback)

ISBN: 9798417391200 (hardcover)

© copyright 2022 Parker Press. All rights reserved.

Contents

Words sorted by first letter   1

Words sorted by second letter   52

Words sorted by third letter   102

Words sorted by fourth letter   152

Words sorted by fifth letter   203

Words sorted by first letter

aback	**a**cers	**a**dmit	**a**ging
abaft	**a**ched	**a**dmix	**a**glow
abase	**a**ches	**a**dobe	**a**gony
abash	**a**cids	**a**dopt	**a**gora
abate	**a**corn	**a**dore	**a**gree
abbey	**a**cres	**a**dorn	**a**head
abbot	**a**crid	**a**dult	**a**ided
abeam	**a**cted	**a**egis	**a**ider
abele	**a**ctor	**a**eons	**a**ides
abets	**a**cute	**a**ffix	**a**imed
abhor	**a**dage	**a**fire	**a**imer
abide	**a**dapt	**a**foot	**a**ired
abled	**a**dded	**a**foul	**a**isle
abler	**a**dder	**a**fros	**a**lack
abode	**a**ddle	**a**fter	**a**larm
abort	**a**dept	**a**gain	**a**lbum
about	**a**dieu	**a**gape	**a**lder
above	**a**dios	**a**gate	**a**lecs
abuse	**a**dman	**a**gave	**a**lert
abuzz	**a**dmen	**a**gent	**a**lgae
abyss	**a**dmin	**a**gile	**a**lgal

First letter

alias	amass	angry	apple
alibi	amaze	angst	apply
alien	amber	anime	appro
align	ambit	anion	apron
alike	amble	anise	apses
aline	amend	ankle	apsis
alive	amens	annal	aptly
alkyl	amide	annex	araks
allay	amigo	annoy	arbor
alley	amine	annul	arced
allot	amino	anode	ardor
allow	amiss	antic	areal
alloy	amity	anvil	areas
aloes	amman	aorta	arena
aloft	among	apace	argon
aloha	amour	apart	argot
alone	ample	apery	argue
along	amply	aphid	argus
aloof	amuck	apian	arias
aloud	amuse	aping	arise
alpha	angel	apish	armed
altar	anger	apnea	armor
alter	angle	appal	aroma

arose	**a**udit	**a**xiom	**b**abas	
array	**a**uger	**a**xion	**b**abel	
arrow	**a**ugur	**a**xles	**b**abes	First letter
arson	**a**unts	**a**xons	**b**acks	
artsy	**a**unty	**a**zure	**b**acon	
ascot	**a**ural		**b**addy	
ashen	**a**uras		**b**adge	
ashes	**a**uric		**b**adly	
aside	**a**vail		**b**agel	
asked	**a**vens		**b**aggy	
askew	**a**vers		**b**ails	
aspic	**a**vert		**b**aits	
assay	**a**vian		**b**aked	
asses	**a**void		**b**aker	
asset	**a**wait		**b**akes	
aster	**a**wake		**b**aldy	
astir	**a**ward		**b**aled	
atlas	**a**ware		**b**aler	
atoll	**a**wash		**b**ales	
atoms	**a**wful		**b**alms	
atone	**a**woke		**b**almy	
attic	**a**xial		**b**alsa	
audio	**a**xing		**b**anal	

bands	basis	beany	begun
bangs	basks	beard	beige
banjo	baste	bears	being
banks	batch	beast	belay
banns	bated	beats	belch
barbs	bates	beaus	belie
bards	bathe	beaux	belle
bared	baths	bebop	bells
barer	batik	becks	belly
bares	baton	beech	below
barge	batty	beefs	belts
barks	baulk	beefy	bench
barky	bawdy	beeps	bends
barns	bawls	beers	beret
baron	bayed	beery	bergs
barre	bayou	beets	berry
basal	beach	befit	berth
based	beads	befog	beryl
baser	beady	began	beset
bases	beaks	begat	besot
basic	beams	beget	bests
basil	beamy	begin	betel
basin	beans	begot	bevel

bezel	**b**irds	**b**limp	**b**lurs
bible	**b**irth	**b**limy	**b**lurt
bicep	**b**ison	**b**lind	**b**lush
biddy	**b**iter	**b**link	**b**oard
bided	**b**ites	**b**lips	**b**oars
bides	**b**itts	**b**liss	**b**oast
bidet	**b**itty	**b**litz	**b**oats
bigot	**b**labs	**b**loat	**b**obby
bijou	**b**lack	**b**lobs	**b**oded
biker	**b**lade	**b**lock	**b**odes
bikes	**b**lame	**b**locs	**b**offo
biles	**b**land	**b**loke	**b**ogey
bilge	**b**lank	**b**lond	**b**oggy
bills	**b**lare	**b**lood	**b**ogus
billy	**b**lase	**b**loom	**b**oils
bimbo	**b**last	**b**lots	**b**olts
binds	**b**laze	**b**lown	**b**ombs
binge	**b**leak	**b**lows	**b**onds
bingo	**b**leat	**b**luer	**b**oned
biome	**b**leed	**b**lues	**b**ones
biota	**b**leep	**b**luff	**b**oney
biped	**b**lend	**b**lunt	**b**ongo
birch	**b**less	**b**lurb	**b**ongs

First letter

bonny	bosun	brash	briny
bonus	botch	brass	brisk
booby	bothy	brats	broad
booed	bough	brave	broil
books	boule	bravo	broke
booms	bound	brawl	brood
boons	bouts	brawn	brook
boors	bowed	brays	broom
boost	bowel	braze	broth
booth	bower	bread	brown
boots	bowie	break	brows
booty	bowls	bream	brunt
booze	boxed	breed	brush
boozy	boxer	brews	brute
borax	boxes	briar	bucks
bored	brace	bribe	buddy
borer	brags	brick	budge
bores	braid	bride	buffs
borne	brail	brief	buggy
boron	brain	brims	bugle
bosom	brake	brine	build
boson	brand	bring	built
bossy	brans	brink	bulbs

bulge	**b**utte	**c**abal	**c**amps
bulgy	**b**utts	**c**abby	**c**anal
bulks	**b**uxom	**c**abin	**c**andy
bulky	**b**uyer	**c**able	**c**aned
bulls	**b**ylaw	**c**acao	**c**anes
bully	**b**ytes	**c**ache	**c**anny
bumps	**b**yway	**c**acti	**c**anoe
bumpy		**c**addy	**c**anon
bunch		**c**adet	**c**aped
bunks		**c**adge	**c**aper
bunny		**c**afes	**c**apes
buoys		**c**aged	**c**aput
burly		**c**ages	**c**arat
burns		**c**agey	**c**ards
burnt		**c**airn	**c**ared
burps		**c**aked	**c**arer
burst		**c**akes	**c**ares
bused		**c**alif	**c**argo
buses		**c**alls	**c**arol
bushy		**c**alms	**c**arps
busts		**c**alve	**c**arry
busty		**c**amel	**c**arts
butch		**c**ameo	**c**arve

First letter

cased	chaff	chess	chore
cases	chain	chest	chose
casks	chair	chews	chuck
caste	chalk	chewy	chuff
casts	champ	chick	chugs
catch	chant	chide	chump
cater	chaos	chief	chums
catty	chaps	child	chunk
caulk	chard	chili	churn
cause	charm	chill	chute
caved	chars	chime	cider
caver	chart	chimp	cigar
caves	chary	china	cilia
cavil	chase	chins	cinch
cease	chasm	chips	circa
cedar	chats	chirp	cited
ceded	cheap	chits	cites
celeb	cheat	chock	civic
cello	check	choir	civil
cells	cheek	choke	clack
cents	cheep	chomp	claim
ceres	cheer	chops	clamp
chafe	chefs	chord	clams

clang	clogs	coded	conga
clank	clone	coder	congo
clans	close	codes	conic
claps	cloth	codex	cooed
clash	clots	coils	cooks
clasp	cloud	coins	cools
class	clout	colas	coons
claws	clove	colds	coops
clays	clown	colon	coped
clean	clubs	color	copes
clear	cluck	colts	copra
cleat	clued	comas	copse
cleft	clues	combs	coral
clerk	clump	comer	cords
click	clung	comes	corer
cliff	coach	comet	cores
climb	coals	comfy	corgi
cling	coast	comic	corks
clink	coats	comma	corky
clips	coble	conch	corns
cloak	cobra	condo	corny
clock	cocky	coned	corps
clods	cocoa	cones	corse

First letter

costs	crams	crews	cruel
couch	crane	cribs	crumb
cough	crank	crick	crump
could	crash	cried	crush
count	crass	crier	crust
coupe	crate	cries	crypt
coups	crave	crime	cubed
court	crawl	crimp	cubes
coven	craws	crisp	cubic
cover	craze	croak	cubit
coves	crazy	crock	cuffs
covet	creak	croft	cuing
covey	cream	crone	culls
cowed	credo	crony	cults
cower	creed	crook	cumin
coxed	creek	croon	cupid
coxes	creel	crops	curbs
coyly	creep	cross	curds
crabs	creme	croup	cured
crack	crepe	crowd	curer
craft	crept	crown	cures
crags	cress	crows	curia
cramp	crest	crude	curie

				First letter
curio	**d**acha	**d**azed	**d**egas	
curls	**d**addy	**d**eals	**d**eify	
curly	**d**affy	**d**ealt	**d**eign	
curry	**d**agga	**d**eans	**d**eism	
curse	**d**aily	**d**ears	**d**eist	
curve	**d**airy	**d**eary	**d**eity	
curvy	**d**aisy	**d**eath	**d**elay	
cusps	**d**ales	**d**ebar	**d**ells	
cutie	**d**ally	**d**ebit	**d**elta	
cyber	**d**ames	**d**ebts	**d**elve	
cycad	**d**amns	**d**ebug	**d**emon	
cycle	**d**amps	**d**ebut	**d**emur	
cynic	**d**ance	**d**ecaf	**d**enim	
cysts	**d**andy	**d**ecal	**d**ense	
czars	**d**ared	**d**ecay	**d**ents	
	dares	**d**ecks	**d**epot	
	darns	**d**ecor	**d**epth	
	darts	**d**ecoy	**d**erby	
	dated	**d**ecry	**d**esks	
	dates	**d**eeds	**d**eter	
	datum	**d**eems	**d**etox	
	daunt	**d**eeps	**d**euce	
	dawns	**d**efer	**d**evil	

dials	dirty	doled	doves
diary	disco	doles	dowdy
diced	discs	dolls	dowel
dices	dishy	dolly	downs
dicey	ditch	domed	downy
diets	ditto	domes	dowry
digit	ditty	donga	dowse
dikes	divan	donor	doyen
dilly	divas	donut	dozed
dimer	dived	dooms	dozen
dimes	diver	doors	dozes
dimly	dives	doped	draft
dinar	divot	dopes	drags
dined	dizzy	dopey	drain
diner	docks	dosed	drake
dines	dodge	doses	drama
dingo	dodgy	doted	drank
dingy	doers	dotes	drape
dinky	doges	dotty	drawl
dints	doggy	doubt	drawn
diode	dogma	dough	draws
dirge	doily	douse	drays
dirts	doing	dover	dread

dream	**d**ruid	**d**ures	**e**ager
drear	**d**rums	**d**usky	**e**agle
dregs	**d**runk	**d**usts	**e**ared
dress	**d**ryer	**d**usty	**e**arls
dried	**d**ryly	**d**utch	**e**arly
drier	**d**uals	**d**uvet	**e**arns
dries	**d**uchy	**d**warf	**e**arth
drift	**d**ucks	**d**well	**e**ased
drill	**d**ucts	**d**welt	**e**asel
drily	**d**udes	**d**yers	**e**ases
drink	**d**uels	**d**ying	**e**aten
drips	**d**uets	**d**ykes	**e**ater
drive	**d**ukes		**e**aves
droit	**d**ulls		**e**bbed
droll	**d**ully		**e**bony
drone	**d**ummy		**e**clat
drool	**d**umps		**e**dema
droop	**d**umpy		**e**dged
drops	**d**unce		**e**dges
dross	**d**unes		**e**dict
drove	**d**uomo		**e**dify
drown	**d**uped		**e**dits
drugs	**d**upes		**e**erie

First letter

egged	**e**mirs	**e**rect	**e**xalt
egret	**e**mits	**e**rgot	**e**xams
eider	**e**mpty	**e**rica	**e**xcel
eight	**e**nact	**e**rode	**e**xert
eject	**e**nded	**e**rose	**e**xile
eking	**e**ndow	**e**rred	**e**xist
eland	**e**nema	**e**rror	**e**xits
elate	**e**nemy	**e**rupt	**e**xpel
elbow	**e**njoy	**e**ssay	**e**xtol
elder	**e**nnui	**e**ster	**e**xtra
elect	**e**nrol	**e**ther	**e**xude
elegy	**e**nsue	**e**thic	**e**xult
elfin	**e**nter	**e**thos	**e**ying
elide	**e**ntry	**e**thyl	
elite	**e**nvoy	**e**tude	
elope	**e**osin	**e**vade	
elude	**e**phor	**e**vens	
elves	**e**pics	**e**vent	
email	**e**poch	**e**very	
embed	**e**poxy	**e**vict	
ember	**e**qual	**e**vils	
emcee	**e**quip	**e**voke	
emery	**e**rase	**e**xact	

fable	**f**arce	**f**eign	**f**ibre
faced	**f**ared	**f**eint	**f**iche
facer	**f**ares	**f**ella	**f**icus
faces	**f**arms	**f**ells	**f**iefs
facet	**f**asts	**f**elon	**f**ield
facia	**f**atal	**f**emme	**f**iend
facts	**f**ated	**f**emur	**f**iery
faded	**f**ates	**f**ence	**f**ifes
fades	**f**atty	**f**ends	**f**ifth
fails	**f**atwa	**f**eral	**f**ifty
faint	**f**ault	**f**erns	**f**ight
fairs	**f**auna	**f**erny	**f**ilch
fairy	**f**auns	**f**erry	**f**iled
faith	**f**avor	**f**etal	**f**iler
faked	**f**awns	**f**etch	**f**iles
fakes	**f**axed	**f**eted	**f**ilet
falls	**f**axes	**f**etes	**f**ills
false	**f**ears	**f**etid	**f**illy
famed	**f**east	**f**etus	**f**ilms
fancy	**f**eats	**f**euds	**f**ilmy
fangs	**f**ecal	**f**ever	**f**ilth
fanny	**f**eeds	**f**ewer	**f**inal
farad	**f**eels	**f**iber	**f**inch

First letter

finds	flack	fling	flunk
fined	flags	flint	fluor
finer	flail	flips	flush
fines	flair	flirt	flute
finis	flake	flits	flyer
fiord	flaky	float	foals
fired	flame	flock	foams
firer	flank	flogs	foamy
fires	flans	flood	focal
firms	flaps	floor	focus
first	flare	flops	fogey
firth	flash	flora	foggy
fishy	flask	floss	foils
fists	flats	flour	foist
fitly	flaws	flout	folds
fiver	fleas	flown	folio
fives	fleck	flows	folks
fixed	flees	flues	folly
fixer	fleet	fluff	fonts
fixes	flesh	fluid	foods
fizzy	flick	fluke	fools
fjord	flier	flume	foots
flabs	flies	flung	foray

force	**f**rank	**f**roze	**f**uzzy
fords	**f**raud	**f**ruit	
forge	**f**rays	**f**ryer	
forgo	**f**reak	**f**udge	
forks	**f**reed	**f**uels	
forms	**f**reer	**f**ugal	
forte	**f**rees	**f**ugue	
forth	**f**reon	**f**ully	
forts	**f**resh	**f**umed	
forty	**f**rets	**f**umes	
forum	**f**riar	**f**unds	
fossa	**f**ried	**f**ungi	
fouls	**f**ries	**f**unky	
found	**f**rill	**f**unny	
fount	**f**risk	**f**urls	
fours	**f**ritz	**f**uror	
fowls	**f**rock	**f**urry	
foxed	**f**rogs	**f**urze	
foxes	**f**rond	**f**used	
foyer	**f**ront	**f**uses	
frail	**f**rost	**f**ussy	
frame	**f**roth	**f**usty	
franc	**f**rown	**f**uton	

First letter

gable	**g**ates	**g**enus	**g**lare
gaffe	**g**audy	**g**erms	**g**lass
gaily	**g**auge	**g**host	**g**laze
gains	**g**aunt	**g**houl	**g**leam
gaits	**g**auze	**g**iant	**g**lean
galas	**g**avel	**g**ibed	**g**lebe
gales	**g**awky	**g**ibes	**g**lens
galls	**g**ayer	**g**iddy	**g**lide
galop	**g**ayly	**g**ifts	**g**lint
gamed	**g**azed	**g**ilds	**g**loat
gamer	**g**azer	**g**ills	**g**lobe
games	**g**azes	**g**ilts	**g**loom
gamma	**g**ears	**g**ipsy	**g**lory
gamut	**g**ecko	**g**irls	**g**loss
gangs	**g**eeks	**g**irly	**g**love
gaols	**g**eeky	**g**irth	**g**lows
gaped	**g**eese	**g**iven	**g**lued
gapes	**g**enes	**g**iver	**g**lues
garbs	**g**enie	**g**ives	**g**luey
gases	**g**enii	**g**lace	**g**luon
gasps	**g**enoa	**g**lade	**g**lyph
gassy	**g**enre	**g**land	**g**narl
gated	**g**ents	**g**lans	**g**nash

gnats	**g**ored	**g**ravy	**g**rope
gnaws	**g**ores	**g**raze	**g**ross
gnome	**g**orge	**g**reat	**g**roup
goads	**g**orse	**g**reed	**g**rout
goals	**g**oths	**g**reek	**g**rove
goats	**g**ouge	**g**reen	**g**rowl
godly	**g**ourd	**g**reet	**g**rown
goers	**g**owns	**g**reys	**g**rows
gofer	**g**rabs	**g**rids	**g**rubs
going	**g**race	**g**rief	**g**ruel
golds	**g**rade	**g**rill	**g**ruff
golem	**g**raft	**g**rime	**g**runt
golly	**g**rail	**g**rimy	**g**uano
gonad	**g**rain	**g**rind	**g**uard
goner	**g**rams	**g**rins	**g**uava
gongs	**g**rand	**g**ripe	**g**uess
goods	**g**rant	**g**rips	**g**uest
goody	**g**rape	**g**rist	**g**uide
gooey	**g**raph	**g**rits	**g**uild
goofs	**g**rasp	**g**roan	**g**uile
goofy	**g**rass	**g**roat	**g**uilt
goons	**g**rate	**g**roin	**g**uise
goose	**g**rave	**g**room	**g**ulch

gulfs	**h**abit	**h**arks	**h**eals
gulls	**h**acks	**h**arms	**h**eaps
gully	**h**ades	**h**arps	**h**eard
gulps	**h**afts	**h**arpy	**h**ears
gumbo	**h**aiku	**h**arry	**h**eart
gummy	**h**ails	**h**arsh	**h**eath
guppy	**h**airs	**h**arts	**h**eats
gurus	**h**airy	**h**aste	**h**eave
gusto	**h**akea	**h**asty	**h**eavy
gusts	**h**alal	**h**atch	**h**edge
gusty	**h**allo	**h**ated	**h**eeds
gutsy	**h**alls	**h**ater	**h**eels
gypsy	**h**alon	**h**ates	**h**efty
	halts	**h**auls	**h**eirs
	halve	**h**aunt	**h**eist
	hands	**h**aute	**h**elix
	handy	**h**aven	**h**ello
	hangs	**h**aves	**h**ells
	happy	**h**avoc	**h**elms
	hardy	**h**awks	**h**elps
	hared	**h**azel	**h**ence
	harem	**h**eads	**h**enge
	hares	**h**eady	**h**enna

henry	**h**ired	**h**oney	**h**ouse
herbs	**h**irer	**h**onks	**h**ovel
herds	**h**ires	**h**onor	**h**over
heron	**h**itch	**h**oods	**h**owdy
hertz	**h**ived	**h**oofs	**h**owls
hewed	**h**ives	**h**ooks	**h**ubby
hewer	**h**oard	**h**ooky	**h**uffy
hexed	**h**oary	**h**oops	**h**ulks
hider	**h**obby	**h**oots	**h**ullo
hides	**h**ocks	**h**oped	**h**ulls
highs	**h**ocus	**h**opes	**h**uman
hight	**h**oggs	**h**orde	**h**umid
hiked	**h**oist	**h**orns	**h**umor
hiker	**h**olds	**h**orny	**h**umph
hikes	**h**oled	**h**orse	**h**umps
hills	**h**oles	**h**osed	**h**umus
hilly	**h**olla	**h**oses	**h**unch
hilts	**h**olly	**h**osta	**h**unks
hinge	**h**omed	**h**osts	**h**unky
hinny	**h**omer	**h**otel	**h**unts
hints	**h**omes	**h**otly	**h**urls
hippo	**h**oned	**h**ound	**h**urry
hippy	**h**ones	**h**ours	**h**urts

First letter

husks	**i**cier	**i**nane	**i**rked
husky	**i**cily	**i**nbox	**i**rons
hussy	**i**cing	**i**ncur	**i**rony
hutch	**i**cons	**i**ndex	**i**sles
hydra	**i**deal	**i**ndia	**i**slet
hydro	**i**deas	**i**nept	**i**ssue
hyena	**i**diom	**i**nert	**i**tchy
hymen	**i**diot	**i**nfer	**i**tems
hymns	**i**dled	**i**nfix	**i**vies
hyper	**i**dler	**i**nfra	**i**vory
	idles	**i**ngot	
	idols	**i**nked	
	idyll	**i**nlay	
	igloo	**i**nlet	
	ileum	**i**nner	
	iliac	**i**nput	
	iliad	**i**nset	
	image	**i**nter	
	imago	**i**ntro	
	imams	**i**nure	
	imbue	**i**onic	
	impel	**i**otas	
	imply	**i**rate	

First letter

jacks	**j**iffy	**j**uice	**k**alif
jaded	**j**ihad	**j**uicy	**k**appa
jades	**j**ilts	**j**ulep	**k**arma
jails	**j**immy	**j**umbo	**k**arst
jambs	**j**ingo	**j**umps	**k**ayak
james	**j**inks	**j**umpy	**k**ebab
japan	**j**ived	**j**unks	**k**eels
japes	**j**ives	**j**unta	**k**eeps
jaunt	**j**oins	**j**unto	**k**elts
jawed	**j**oint	**j**uror	**k**endo
jazzy	**j**oist		**k**erbs
jeans	**j**oked		**k**etch
jeeps	**j**oker		**k**eyed
jeers	**j**okes		**k**haki
jehad	**j**okey		**k**hans
jelly	**j**olly		**k**icks
jemmy	**j**olts		**k**ills
jerks	**j**oule		**k**ilns
jerky	**j**oust		**k**ilts
jests	**j**owls		**k**inds
jesus	**j**oyed		**k**ings
jetty	**j**udas		**k**inks
jewel	**j**udge		**k**inky

kiosk	**k**raal	**l**abel	**l**ards
kites	**k**raft	**l**abor	**l**arge
kitty	**k**rill	**l**aced	**l**argo
kiwis	**k**udus	**l**aces	**l**arks
klick		**l**acks	**l**arva
kloof		**l**aden	**l**aser
knack		**l**adle	**l**asso
knave		**l**ager	**l**asts
knead		**l**aird	**l**atch
kneed		**l**airs	**l**ater
kneel		**l**aity	**l**atex
knees		**l**akes	**l**athe
knell		**l**amas	**l**aths
knelt		**l**ambs	**l**atte
knife		**l**amed	**l**auds
knits		**l**amps	**l**augh
knobs		**l**ance	**l**avas
knock		**l**ands	**l**awns
knoll		**l**anes	**l**axer
knots		**l**anky	**l**ayer
known		**l**apel	**l**azed
knows		**l**apse	**l**each
koala		**l**arch	**l**eads

leafy	lemur	limps	loans
leaks	lends	lined	loath
leaky	lento	linen	lobby
leans	leone	liner	lobed
leant	leper	lines	lobes
leaps	level	lingo	local
leapt	lever	links	lochs
learn	liars	lions	locks
lease	libel	lipid	locus
leash	lichi	lisps	lodge
least	licks	lists	loess
leave	liege	lithe	lofts
ledge	liens	litre	lofty
leech	lifts	lived	logic
leeks	light	liven	login
leers	liked	liver	logos
leery	liken	lives	loins
lefts	likes	livid	lolly
lefty	lilac	llama	loner
legal	limbo	loads	longs
leggy	limbs	loafs	looks
lemma	limes	loams	looms
lemon	limit	loamy	loony

First letter

loops	lucky	lynch	macaw
loopy	lucre	lyres	maces
loose	lulls	lyric	macho
loots	lumen		macro
loped	lumps		madam
lopes	lumpy		madly
lords	lunar		mafia
lorry	lunch		magic
loser	lunge		magma
loses	lungs		maids
lotto	lupin		mails
lotus	lupus		maims
louis	lurch		mains
louse	lured		maize
lousy	lures		major
louts	lurex		maker
loved	lurid		makes
lover	lurks		males
loves	lusts		malls
lower	lusty		malta
lowly	lutes		malts
loyal	lying		malty
lucid	lymph		malva

mamas	**m**arry	**m**eans	**m**eted
mamba	**m**arsh	**m**eant	**m**eter
mambo	**m**aser	**m**eany	**m**etre
mamma	**m**asks	**m**eats	**m**etro
mammy	**m**ason	**m**eaty	**m**icro
maned	**m**asse	**m**ecca	**m**idge
manes	**m**asts	**m**edal	**m**idst
manga	**m**atch	**m**edia	**m**ight
mange	**m**ated	**m**edic	**m**ikes
mango	**m**ater	**m**eets	**m**iler
mangy	**m**ates	**m**elee	**m**iles
mania	**m**atey	**m**elon	**m**ilks
manic	**m**aths	**m**elts	**m**ilky
manly	**m**atte	**m**ends	**m**ills
manna	**m**auls	**m**enus	**m**imed
manor	**m**auve	**m**eows	**m**imes
manse	**m**axim	**m**ercy	**m**imic
maple	**m**ayas	**m**erge	**m**ince
march	**m**aybe	**m**erit	**m**inds
mares	**m**ayor	**m**erry	**m**ined
maria	**m**azes	**m**eson	**m**iner
marks	**m**eals	**m**essy	**m**ines
marls	**m**ealy	**m**etal	**m**inim

First letter

minke	modal	moray	moved
minks	model	mores	mover
minor	modem	morns	moves
mints	modes	moron	movie
minty	mogul	morph	mowed
minus	moist	morse	mower
mired	molar	moses	mucid
mires	molds	mossy	mucks
mirth	moldy	motel	mucky
miser	moles	motes	mucus
missy	molts	motet	muddy
mists	money	moths	muffs
misty	monks	motif	mufti
mites	month	motor	muggy
mitre	moods	motto	mulch
mitts	moody	mould	mules
mixed	mooed	moult	mummy
mixer	moons	mound	mumps
mixes	moors	mount	munch
mixup	moose	mourn	muons
moats	moped	mouse	mural
mocha	mopes	mousy	murky
mocks	moral	mouth	mused

muses	**n**adir	**n**erve	**n**oddy
mushy	**n**aiad	**n**ervy	**n**odes
music	**n**ails	**n**ests	**n**ohow
musks	**n**aive	**n**etts	**n**oise
musky	**n**aked	**n**ever	**n**oisy
musts	**n**amed	**n**ewer	**n**omad
musty	**n**ames	**n**ewly	**n**ooks
muted	**n**anny	**n**ewsy	**n**oons
mutes	**n**appy	**n**ewts	**n**oose
mutts	**n**asal	**n**icer	**n**orms
myope	**n**asty	**n**iche	**n**orth
myrrh	**n**atal	**n**icks	**n**osed
myths	**n**aval	**n**iece	**n**oses
	navel	**n**ifty	**n**osey
	navvy	**n**iger	**n**otch
	nears	**n**ight	**n**oted
	necks	**n**ines	**n**otes
	needs	**n**inja	**n**ouns
	needy	**n**inny	**n**ovel
	neigh	**n**inth	**n**udes
	nemas	**n**oble	**n**udge
	nerds	**n**obly	**n**ulls
	nerdy	**n**odal	**n**umbs

First letter

nurse	**o**aken	**o**iled	**o**ptic
nutty	**o**akum	**o**iler	**o**rang
nyala	**o**ases	**o**inks	**o**rate
nylon	**o**asis	**o**kapi	**o**rbit
nymph	**o**aths	**o**kays	**o**rder
	obese	**o**lden	**o**rgan
	obeys	**o**lder	**o**scar
	oboes	**o**ldie	**o**ther
	occur	**o**live	**o**tter
	ocean	**o**mbre	**o**ught
	ochre	**o**mega	**o**unce
	octal	**o**mens	**o**usts
	octet	**o**mits	**o**utdo
	odder	**o**nion	**o**uter
	oddly	**o**nset	**o**utgo
	odium	**o**ozed	**o**vals
	odour	**o**ozes	**o**vary
	offal	**o**pals	**o**vate
	offer	**o**pens	**o**vens
	often	**o**pera	**o**vers
	ogled	**o**pine	**o**vert
	ogres	**o**pium	**o**vine
	ohmic	**o**pted	**o**void

owing	**p**aced	**p**alsy	**p**arse
owlet	**p**acer	**p**anda	**p**arts
owned	**p**aces	**p**aned	**p**arty
owner	**p**acey	**p**anel	**p**asse
oxide	**p**acks	**p**anes	**p**asta
ozone	**p**acts	**p**anga	**p**aste
	paddy	**p**angs	**p**asts
	padre	**p**anic	**p**asty
	paean	**p**ansy	**p**atch
	pagan	**p**ants	**p**aten
	paged	**p**apal	**p**ater
	pager	**p**apas	**p**ates
	pages	**p**apaw	**p**aths
	pails	**p**aper	**p**atio
	pains	**p**appy	**p**atsy
	paint	**p**arch	**p**atty
	pairs	**p**ared	**p**ause
	paled	**p**arer	**p**aved
	paler	**p**ares	**p**aves
	pales	**p**aris	**p**awed
	palls	**p**arka	**p**awns
	palms	**p**arks	**p**ayed
	palmy	**p**arry	**p**ayee

First letter

payer	**p**eril	**p**ieta	**p**iper
peace	**p**erks	**p**iety	**p**ipes
peach	**p**erky	**p**iggy	**p**ipit
peaks	**p**erms	**p**ikes	**p**ique
peaky	**p**erry	**p**ilaf	**p**itch
peals	**p**esky	**p**iled	**p**iths
pearl	**p**esto	**p**iles	**p**ithy
pears	**p**ests	**p**ills	**p**iton
peaty	**p**etal	**p**ilot	**p**ivot
pecan	**p**eter	**p**imps	**p**ixel
pecks	**p**etit	**p**inch	**p**ixie
pedal	**p**etty	**p**ined	**p**izza
peeks	**p**hase	**p**ines	**p**lace
peels	**p**hlox	**p**iney	**p**laid
peeps	**p**hone	**p**ings	**p**lain
peers	**p**hony	**p**inks	**p**lait
pekan	**p**hoto	**p**inky	**p**lane
pelts	**p**hyla	**p**into	**p**lank
penal	**p**iano	**p**ints	**p**lans
pence	**p**icks	**p**inup	**p**lant
penne	**p**icky	**p**ions	**p**lasm
penny	**p**iece	**p**ious	**p**late
perch	**p**iers	**p**iped	**p**lays

plaza	**p**ocks	**p**oppy	**p**rang
plead	**p**odgy	**p**orch	**p**rank
pleas	**p**odia	**p**ored	**p**rawn
pleat	**p**oems	**p**ores	**p**rays
plebs	**p**oesy	**p**orky	**p**reen
plied	**p**oets	**p**orns	**p**reps
plier	**p**oint	**p**orts	**p**ress
plies	**p**oise	**p**osed	**p**reys
plods	**p**oked	**p**oser	**p**rice
plops	**p**oker	**p**oses	**p**rick
plots	**p**okes	**p**osit	**p**ricy
ploys	**p**olar	**p**osse	**p**ride
pluck	**p**oled	**p**osts	**p**ried
plugs	**p**oles	**p**otch	**p**ries
plumb	**p**olio	**p**otty	**p**rime
plume	**p**olka	**p**ouch	**p**rimo
plump	**p**olls	**p**oult	**p**rint
plums	**p**olyp	**p**ound	**p**rior
plumy	**p**once	**p**ours	**p**rise
plunk	**p**onds	**p**outs	**p**rism
plush	**p**ooch	**p**outy	**p**rivy
pluto	**p**ools	**p**ower	**p**rize
poach	**p**opes	**p**rams	**p**robe

First letter

prods	**p**umps	**q**uack	**q**uips
prone	**p**unch	**q**uaff	**q**uire
prong	**p**unks	**q**uail	**q**uirk
proof	**p**unky	**q**uake	**q**uite
props	**p**unts	**q**ualm	**q**uits
prose	**p**upae	**q**uark	**q**uota
proud	**p**upal	**q**uart	**q**uote
prove	**p**upil	**q**uash	**q**uoth
prowl	**p**uppy	**q**uasi	
prows	**p**uree	**q**uays	
proxy	**p**urer	**q**ueen	
prude	**p**urge	**q**ueer	
prune	**p**urls	**q**uell	
psalm	**p**urrs	**q**uern	
pubic	**p**urse	**q**uery	
pudgy	**p**ushy	**q**uest	
puffs	**p**utti	**q**ueue	
puffy	**p**utts	**q**uick	
pulls	**p**utty	**q**uids	
pulps	**p**ygmy	**q**uiet	
pulpy	**p**ylon	**q**uiff	
pulse	**p**yres	**q**uill	
pumas		**q**uilt	

rabat	rally	ratty	rebus
rabbi	ralph	raved	rebut
rabid	ramen	ravel	recap
raced	ramps	raven	recto
racer	ranch	raver	recur
races	rands	raves	recut
racks	randy	rayed	redox
radar	range	rayon	reeds
radii	rangy	razed	reedy
radio	ranis	razes	reefs
radix	ranks	razor	reeks
radon	rants	reach	reels
rafts	raped	react	refer
raged	rapes	reads	refit
rages	rapid	ready	regal
raids	rarer	realm	rehab
rails	rased	reals	reify
rains	rasps	reams	reign
rainy	raspy	reaps	reins
raise	rated	rearm	relax
rajah	rater	rears	relay
raked	rates	rebar	relic
rakes	ratio	rebel	relit

First letter

remap	rhino	risen	rogue
remit	rhyme	riser	roles
remix	rials	rises	rolls
renal	ricks	risks	roman
rends	rider	risky	romps
renew	rides	rites	roofs
rents	ridge	rival	rooks
repay	riffs	riven	rooms
repel	rifle	river	roomy
reply	rifts	rivet	roost
reran	right	roach	roots
rerun	rigid	roads	roped
reset	rigor	roams	ropes
resin	riled	roars	roses
resit	riles	roast	rosin
rests	rills	robed	rotas
retch	rinds	robes	rotor
retro	rings	robin	rouge
retry	rinks	robot	rough
reuse	rinse	rocks	round
revel	riots	rocky	rouse
revue	ripen	rodeo	route
rhine	riper	roger	routs

roved	runny	saber	samba	
rover	runts	sable	sands	First letter
roves	rupee	sabra	sandy	
rowdy	rural	sabre	saner	
rowed	rusks	sacks	sappy	
rower	rusts	sadly	sarge	
royal	rusty	safer	saris	
rucks		safes	sassy	
ruddy		sagas	sated	
ruder		sages	satin	
ruffs		sahib	satyr	
rugby		sails	sauce	
ruins		saint	saucy	
ruled		sakes	sauna	
ruler		salad	saute	
rules		sales	saved	
rumba		sally	saver	
rumen		salon	saves	
rummy		salsa	savor	
rumor		salts	savoy	
rumps		salty	savvy	
runes		salve	sawed	
rungs		salvo	scabs	

scald	**s**cope	**s**edan	**s**etup
scale	**s**core	**s**edge	**s**even
scalp	**s**corn	**s**eeds	**s**ever
scaly	**s**cots	**s**eedy	**s**ewed
scamp	**s**cour	**s**eeks	**s**ewer
scams	**s**cout	**s**eems	**s**exed
scans	**s**cowl	**s**eeps	**s**exes
scant	**s**cram	**s**eers	**s**hack
scape	**s**crap	**s**egue	**s**hade
scare	**s**cree	**s**eine	**s**hady
scarf	**s**crew	**s**eize	**s**haft
scarp	**s**crub	**s**ells	**s**hags
scars	**s**crum	**s**emen	**s**hahs
scary	**s**cuba	**s**ends	**s**hake
scene	**s**cuds	**s**ense	**s**haky
scent	**s**cuff	**s**epia	**s**hale
schwa	**s**cull	**s**erai	**s**hall
scion	**s**eals	**s**erfs	**s**halt
scoff	**s**eams	**s**erge	**s**hame
scold	**s**eamy	**s**erif	**s**hams
scone	**s**ears	**s**erum	**s**hank
scoop	**s**eats	**s**erve	**s**hape
scoot	**s**ects	**s**etts	**s**hard

share	**s**hirk	**s**huck	**s**ince
shark	**s**hirt	**s**huns	**s**ines
sharp	**s**hoal	**s**hunt	**s**inew
shave	**s**hock	**s**hush	**s**inge
shawl	**s**hoed	**s**huts	**s**ings
sheaf	**s**hoes	**s**hyer	**s**inks
shear	**s**hone	**s**hyly	**s**inus
sheds	**s**hook	**s**ibyl	**s**ired
sheen	**s**hoot	**s**ided	**s**iren
sheep	**s**hops	**s**ider	**s**ires
sheer	**s**hore	**s**ides	**s**isal
sheet	**s**horn	**s**iege	**s**issy
sheik	**s**hort	**s**ieve	**s**itar
shelf	**s**hots	**s**ifts	**s**ited
shell	**s**hout	**s**ighs	**s**ites
shied	**s**hove	**s**ight	**s**ixes
shies	**s**hown	**s**igma	**s**ixth
shift	**s**hows	**s**igns	**s**ixty
shine	**s**howy	**s**ilks	**s**ized
shins	**s**hred	**s**ilky	**s**izes
shiny	**s**hrew	**s**illy	**s**kate
ships	**s**hrub	**s**ilts	**s**kein
shire	**s**hrug	**s**ilty	**s**kews

First letter

skids	**s**lang	**s**lits	**s**mash
skied	**s**lant	**s**lobs	**s**mear
skier	**s**laps	**s**logs	**s**mell
skies	**s**lash	**s**loop	**s**melt
skiff	**s**late	**s**lope	**s**mile
skill	**s**lats	**s**lops	**s**mirk
skimp	**s**lave	**s**losh	**s**mite
skims	**s**lays	**s**loth	**s**mith
skins	**s**leds	**s**lots	**s**mock
skips	**s**leek	**s**lows	**s**mogs
skirl	**s**leep	**s**lugs	**s**moke
skirt	**s**leet	**s**lump	**s**moky
skits	**s**lept	**s**lums	**s**mote
skuas	**s**lice	**s**lung	**s**muts
skulk	**s**lick	**s**lunk	**s**nack
skull	**s**lide	**s**lurp	**s**nags
skunk	**s**lily	**s**lurs	**s**nail
slabs	**s**lime	**s**lush	**s**nake
slack	**s**lims	**s**lyer	**s**naky
slags	**s**limy	**s**lyly	**s**naps
slain	**s**ling	**s**mack	**s**nare
slake	**s**link	**s**mall	**s**narl
slams	**s**lips	**s**mart	**s**neak

First letter

sneer	**s**ocks	**s**orry	**s**peak
snick	**s**odas	**s**orts	**s**pear
snide	**s**oddy	**s**ouks	**s**peck
sniff	**s**odom	**s**ouls	**s**pecs
snipe	**s**ofas	**s**ound	**s**peed
snips	**s**ofty	**s**oups	**s**pell
snits	**s**oggy	**s**oupy	**s**pelt
snobs	**s**oils	**s**ours	**s**pend
snoek	**s**olar	**s**outh	**s**pent
snoop	**s**oles	**s**owed	**s**pews
snore	**s**olid	**s**ower	**s**pice
snort	**s**olve	**s**pace	**s**picy
snout	**s**omas	**s**pade	**s**pied
snows	**s**onar	**s**pank	**s**piel
snowy	**s**ones	**s**pans	**s**pies
snubs	**s**ongs	**s**pare	**s**pike
snuck	**s**onic	**s**park	**s**piky
snuff	**s**onny	**s**pars	**s**pill
soaks	**s**ooth	**s**pasm	**s**pilt
soaps	**s**oots	**s**pate	**s**pine
soapy	**s**ooty	**s**pats	**s**pins
soars	**s**oppy	**s**pawn	**s**piny
sober	**s**ores	**s**pays	**s**pire

spite	squat	stash	stink
spits	squaw	state	stint
splat	squib	stave	stirs
split	squid	stays	stoat
spoil	stabs	stead	stock
spoke	stack	steak	stoic
spoof	staff	steal	stoke
spook	stage	steam	stole
spool	stags	steed	stoma
spoon	staid	steel	stomp
spoor	stain	steep	stone
spore	stair	steer	stony
sport	stake	stein	stood
spout	stale	stems	stool
sprat	stalk	steps	stoop
spray	stall	stern	stops
spree	stamp	stews	store
sprig	stand	stick	stork
spume	stank	sties	storm
spurn	stare	stiff	story
spurs	stark	still	stout
spurt	stars	stilt	stove
squad	start	sting	stows

First letter

strap	**s**ugar	**s**ward	**s**woop
straw	**s**uing	**s**warm	**s**wops
stray	**s**uite	**s**wash	**s**word
strew	**s**uits	**s**wath	**s**wore
strip	**s**ulks	**s**wats	**s**worn
strop	**s**ulky	**s**ways	**s**wots
strum	**s**ully	**s**wear	**s**wung
strut	**s**umac	**s**weat	**s**ylph
stubs	**s**umma	**s**wede	**s**ynod
stuck	**s**umps	**s**weep	**s**yrup
studs	**s**unny	**s**weet	
study	**s**uper	**s**well	
stuff	**s**urer	**s**wept	
stump	**s**urfs	**s**wift	
stung	**s**urge	**s**will	
stunk	**s**urly	**s**wims	
stuns	**s**ushi	**s**wine	
stunt	**s**wabs	**s**wing	
style	**s**wags	**s**wipe	
styli	**s**wami	**s**wirl	
suave	**s**wamp	**s**wish	
sucks	**s**wans	**s**wiss	
suede	**s**waps	**s**woon	

tabby	taped	teary	tepid
table	taper	tease	terms
taboo	tapes	teats	terns
tacit	tapir	teddy	terra
tacks	tardy	teems	terry
tacky	tares	teens	terse
taffy	tarns	teeny	tests
tails	tarot	teeth	testy
taint	tarry	telex	tetra
taken	tarts	tells	texas
taker	tarty	telly	texts
takes	tasks	tempi	thane
tales	taste	tempo	thank
talks	tasty	tempt	thaws
tally	tatty	tench	theft
talon	taunt	tends	their
tamed	tawny	tenet	theme
tamer	taxed	tenon	there
tames	taxes	tenor	these
tango	taxis	tense	theta
tangy	teach	tenth	thick
tanks	teams	tents	thief
tapas	tears	tepee	thigh

First letter

thine	tiers	titre	topaz
thing	tiger	toads	topic
think	tight	toady	torah
thins	tikka	toast	torch
third	tilde	today	torso
thong	tiled	toddy	torts
thorn	tiler	toffy	torus
those	tiles	togas	total
three	tills	toils	totem
threw	tilts	token	touch
throb	timed	tolls	tough
throw	timer	tombs	tours
thrum	times	tomes	touts
thuds	timid	tonal	towed
thugs	tinge	toned	towel
thumb	tinny	toner	tower
thump	tints	tones	towns
thyme	tipsy	tonga	toxic
tiara	tired	tongs	toxin
tibia	tires	tonic	toyed
ticks	titan	tonne	trace
tidal	tithe	tools	track
tides	title	tooth	tract

trade	trier	tryst	turns
trail	tries	tubal	tusks
train	trigs	tubas	tutor
trait	trill	tubby	twain
tramp	trims	tubed	twang
trams	tripe	tuber	tweak
traps	trips	tubes	tweed
trash	trite	tucks	tweet
trawl	troll	tufts	twice
trays	troop	tulip	twigs
tread	trope	tulle	twill
treat	trots	tummy	twine
trees	trout	tumor	twins
treks	trove	tunas	twirl
trend	truce	tuned	twist
tress	truck	tuner	twixt
trews	truer	tunes	tying
triad	truly	tunic	tykes
trial	trump	tunny	typed
tribe	trunk	turbo	types
trice	truss	turfs	tyres
trick	trust	turfy	
tried	truth	turks	

udder	**u**nmet	**u**vula	**v**acua
ulcer	**u**nset		**v**ague
ultra	**u**ntie		**v**ales
umbra	**u**ntil		**v**alet
unapt	**u**nwed		**v**alid
unarm	**u**nzip		**v**alor
unary	**u**pped		**v**alue
unbar	**u**pper		**v**alve
uncle	**u**pset		**v**amps
uncut	**u**rban		**v**aned
under	**u**rged		**v**anes
undid	**u**rges		**v**apid
undue	**u**rine		**v**apor
unfed	**u**sage		**v**ases
unfit	**u**sers		**v**ault
unfix	**u**sher		**v**aunt
unify	**u**sing		**v**eers
union	**u**sual		**v**egan
unite	**u**surp		**v**eils
units	**u**sury		**v**eins
unity	**u**teri		**v**elar
unjam	**u**tile		**v**eldt
unlit	**u**tter		**v**elum

venal	**v**illa	**v**omit	**w**acky
vends	**v**ines	**v**oted	**w**aded
venom	**v**inyl	**v**oter	**w**ader
vents	**v**iola	**v**otes	**w**ades
venue	**v**iper	**v**ouch	**w**adis
venus	**v**iral	**v**owed	**w**afer
verbs	**v**irus	**v**owel	**w**afts
verge	**v**isas	**v**ying	**w**aged
verse	**v**isit		**w**ager
verso	**v**isor		**w**ages
verve	**v**ista		**w**agon
vests	**v**ital		**w**aifs
vexed	**v**ivid		**w**ails
vexes	**v**ixen		**w**aist
vials	**v**ocal		**w**aits
vibes	**v**odka		**w**aive
vicar	**v**ogue		**w**aked
vices	**v**oice		**w**aken
video	**v**oids		**w**akes
views	**v**oila		**w**ales
vigil	**v**oile		**w**alks
vigor	**v**oles		**w**alls
viler	**v**olts		**w**altz

wands	waxes	wends	whole
waned	weans	wetly	whoop
wanes	wears	whack	whose
wanly	weary	whale	wicks
wants	weave	wharf	widen
wards	webby	wheat	wider
wares	wedge	wheel	wides
warms	weeds	whelk	widow
warns	weedy	whelp	width
warps	weeks	where	wield
warts	weeny	which	wight
warty	weeps	whiff	wilds
washy	weepy	while	wiles
wasps	weigh	whims	wills
waste	weird	whine	wilts
watch	weirs	whiny	wimpy
water	welch	whips	wince
watts	welds	whirl	winch
waved	wells	whirr	winds
waver	welly	whisk	windy
waves	welsh	whist	wined
waxed	welts	white	wines
waxen	wench	whizz	wings

First letter

winks	**w**ools	**w**rest	**x**enon
wiped	**w**ooly	**w**ring	
wiper	**w**oozy	**w**rist	
wipes	**w**ords	**w**rite	
wired	**w**ordy	**w**rits	
wirer	**w**orks	**w**rong	
wires	**w**orld	**w**rote	
wiser	**w**orms	**w**rung	
wisps	**w**ormy	**w**ryly	
wispy	**w**orry		
witch	**w**orse		
witty	**w**orst		
wives	**w**orth		
wodge	**w**ould		
woken	**w**ound		
wolds	**w**oven		
woman	**w**owed		
wombs	**w**rack		
women	**w**raps		
woods	**w**rath		
woody	**w**reak		
wooed	**w**reck		
wooer	**w**rens		

		First letter
yacht	**z**aire	
yanks	**z**appy	
yards	**z**eals	
yarns	**z**ebra	
yawed	**z**ebus	
yawls	**z**esty	
yawns	**z**ippy	
yearn	**z**ombi	
years	**z**onal	
yeast	**z**oned	
yells	**z**ones	
yelps	**z**ooms	
yetis		
yield		
yodel		
yoked		
yokel		
yokes		
yolks		
young		
yours		
youth		
yummy		

Words sorted by second letter

babas	balsa	bases	cabby
babel	banal	basic	cabin
babes	bands	basil	cable
backs	bangs	basin	cacao
bacon	banjo	basis	cache
baddy	banks	basks	cacti
badge	banns	baste	caddy
badly	barbs	batch	cadet
bagel	bards	bated	cadge
baggy	bared	bates	cafes
bails	barer	bathe	caged
baits	bares	baths	cages
baked	barge	batik	cagey
baker	barks	baton	cairn
bakes	barky	batty	caked
baldy	barns	baulk	cakes
baled	baron	bawdy	calif
baler	barre	bawls	calls
bales	basal	bayed	calms
balms	based	bayou	calve
balmy	baser	cabal	camel

cameo	carve	dally	eased
camps	cased	dames	easel
canal	cases	damns	eases
candy	casks	damps	eaten
caned	caste	dance	eater
canes	casts	dandy	eaves
canny	catch	dared	fable
canoe	cater	dares	faced
canon	catty	darns	facer
caped	caulk	darts	faces
caper	cause	dated	facet
capes	caved	dates	facia
caput	caver	datum	facts
carat	caves	daunt	faded
cards	cavil	dawns	fades
cared	dacha	dazed	fails
carer	daddy	eager	faint
cares	daffy	eagle	fairs
cargo	dagga	eared	fairy
carol	daily	earls	faith
carps	dairy	early	faked
carry	daisy	earns	fakes
carts	dales	earth	falls

Second letter

false	gable	gates	halls
famed	gaffe	gaudy	halon
fancy	gaily	gauge	halts
fangs	gains	gaunt	halve
fanny	gaits	gauze	hands
farad	galas	gavel	handy
farce	gales	gawky	hangs
fared	galls	gayer	happy
fares	galop	gayly	hardy
farms	gamed	gazed	hared
fasts	gamer	gazer	harem
fatal	games	gazes	hares
fated	gamma	habit	harks
fates	gamut	hacks	harms
fatty	gangs	hades	harps
fatwa	gaols	hafts	harpy
fault	gaped	haiku	harry
fauna	gapes	hails	harsh
fauns	garbs	hairs	harts
favor	gases	hairy	haste
fawns	gasps	hakea	hasty
faxed	gassy	halal	hatch
faxes	gated	hallo	hated

hater	karma	lapel	lazed
hates	karst	lapse	macaw
hauls	kayak	larch	maces
haunt	label	lards	macho
haute	labor	large	macro
haven	laced	largo	madam
haves	laces	larks	madly
havoc	lacks	larva	mafia
hawks	laden	laser	magic
hazel	ladle	lasso	magma
jacks	lager	lasts	maids
jaded	laird	latch	mails
jades	lairs	later	maims
jails	laity	latex	mains
jambs	lakes	lathe	maize
james	lamas	laths	major
japan	lambs	latte	maker
japes	lamed	lauds	makes
jaunt	lamps	laugh	males
jawed	lance	lavas	malls
jazzy	lands	lawns	malta
kalif	lanes	laxer	malts
kappa	lanky	layer	malty

Second letter

malva	marls	naiad	packs
mamas	marry	nails	pacts
mamba	marsh	naive	paddy
mambo	maser	naked	padre
mamma	masks	named	paean
mammy	mason	names	pagan
maned	masse	nanny	paged
manes	masts	nappy	pager
manga	match	nasal	pages
mange	mated	nasty	pails
mango	mater	natal	pains
mangy	mates	naval	paint
mania	matey	navel	pairs
manic	maths	navvy	paled
manly	matte	oaken	paler
manna	mauls	oakum	pales
manor	mauve	oases	palls
manse	maxim	oasis	palms
maple	mayas	oaths	palmy
march	maybe	paced	palsy
mares	mayor	pacer	panda
maria	mazes	paces	paned
marks	nadir	pacey	panel

panes	pasta	raced	ramps
panga	paste	racer	ranch
pangs	pasts	races	rands
panic	pasty	racks	randy
pansy	patch	radar	range
pants	paten	radii	rangy
papal	pater	radio	ranis
papas	pates	radix	ranks
papaw	paths	radon	rants
paper	patio	rafts	raped
pappy	patsy	raged	rapes
parch	patty	rages	rapid
pared	pause	raids	rarer
parer	paved	rails	rased
pares	paves	rains	rasps
paris	pawed	rainy	raspy
parka	pawns	raise	rated
parks	payed	rajah	rater
parry	payee	raked	rates
parse	payer	rakes	ratio
parts	rabat	rally	ratty
party	rabbi	ralph	raved
passe	rabid	ramen	ravel

Second letter

raven	sales	saved	tamed
raver	sally	saver	tamer
raves	salon	saves	tames
rayed	salsa	savor	tango
rayon	salts	savoy	tangy
razed	salty	savvy	tanks
razes	salve	sawed	tapas
razor	salvo	tabby	taped
saber	samba	table	taper
sable	sands	taboo	tapes
sabra	sandy	tacit	tapir
sabre	saner	tacks	tardy
sacks	sappy	tacky	tares
sadly	sarge	taffy	tarns
safer	saris	tails	tarot
safes	sassy	taint	tarry
sagas	sated	taken	tarts
sages	satin	taker	tarty
sahib	satyr	takes	tasks
sails	sauce	tales	taste
saint	saucy	talks	tasty
sakes	sauna	tally	tatty
salad	saute	talon	taunt

tawny	wades	wanly	yards
taxed	wadis	wants	yarns
taxes	wafer	wards	yawed
taxis	wafts	wares	yawls
vacua	waged	warms	yawns
vague	wager	warns	zaire
vales	wages	warps	zappy
valet	wagon	warts	
valid	waifs	warty	
valor	wails	washy	
value	waist	wasps	
valve	waits	waste	
vamps	waive	watch	
vaned	waked	water	
vanes	waken	watts	
vapid	wakes	waved	
vapor	wales	waver	
vases	walks	waves	
vault	walls	waxed	
vaunt	waltz	waxen	
wacky	wands	waxes	
waded	waned	yacht	
wader	wanes	yanks	

Second letter

aback	obese	acers	scalp
abaft	obeys	ached	scaly
abase	oboes	aches	scamp
abash		acids	scams
abate		acorn	scans
abbey		acres	scant
abbot		acrid	scape
abeam		acted	scare
abele		actor	scarf
abets		acute	scarp
abhor		eclat	scars
abide		icier	scary
abled		icily	scene
abler		icing	scent
abode		icons	schwa
abort		occur	scion
about		ocean	scoff
above		ochre	scold
abuse		octal	scone
abuzz		octet	scoop
abyss		scabs	scoot
ebbed		scald	scope
ebony		scale	score

s**c**orn	a**d**age	e**d**its	a**e**gis
s**c**ots	a**d**apt	i**d**eal	a**e**ons
s**c**our	a**d**ded	i**d**eas	b**e**ach
s**c**out	a**d**der	i**d**iom	b**e**ads
s**c**owl	a**d**dle	i**d**iot	b**e**ady
s**c**ram	a**d**ept	i**d**led	b**e**aks
s**c**rap	a**d**ieu	i**d**ler	b**e**ams
s**c**ree	a**d**ios	i**d**les	b**e**amy
s**c**rew	a**d**man	i**d**ols	b**e**ans
s**c**rub	a**d**men	i**d**yll	b**e**any
s**c**rum	a**d**min	o**d**der	b**e**ard
s**c**uba	a**d**mit	o**d**dly	b**e**ars
s**c**uds	a**d**mix	o**d**ium	b**e**ast
s**c**uff	a**d**obe	o**d**our	b**e**ats
s**c**ull	a**d**opt	u**d**der	b**e**aus
	a**d**ore		b**e**aux
	a**d**orn		b**e**bop
	a**d**ult		b**e**cks
	e**d**ema		b**e**ech
	e**d**ged		b**e**efs
	e**d**ges		b**e**efy
	e**d**ict		b**e**eps
	e**d**ify		b**e**ers

Second letter

beery	bergs	death	delay
beets	berry	debar	dells
befit	berth	debit	delta
befog	beryl	debts	delve
began	beset	debug	demon
begat	besot	debut	demur
beget	bests	decaf	denim
begin	betel	decal	dense
begot	bevel	decay	dents
begun	bezel	decks	depot
beige	cease	decor	depth
being	cedar	decoy	derby
belay	ceded	decry	desks
belch	celeb	deeds	deter
belie	cello	deems	detox
belle	cells	deeps	deuce
bells	cents	defer	devil
belly	ceres	degas	eerie
below	deals	deify	fears
belts	dealt	deign	feast
bench	deans	deism	feats
bends	dears	deist	fecal
beret	deary	deity	feeds

feels	gears	heavy	jeans
feign	gecko	hedge	jeeps
feint	geeks	heeds	jeers
fella	geeky	heels	jehad
fells	geese	hefty	jelly
felon	genes	heirs	jemmy
femme	genie	heist	jerks
femur	genii	helix	jerky
fence	genoa	hello	jests
fends	genre	hells	jesus
feral	gents	helms	jetty
ferns	genus	helps	jewel
ferny	germs	hence	kebab
ferry	heads	henge	keels
fetal	heady	henna	keeps
fetch	heals	henry	kelts
feted	heaps	herbs	kendo
fetes	heard	herds	kerbs
fetid	hears	heron	ketch
fetus	heart	hertz	keyed
feuds	heath	hewed	leach
fever	heats	hewer	leads
fewer	heave	hexed	leafy

Second letter

leaks	lends	meows	netts
leaky	lento	mercy	never
leans	leone	merge	newer
leant	leper	merit	newly
leaps	level	merry	newsy
leapt	lever	meson	newts
learn	meals	messy	peace
lease	mealy	metal	peach
leash	means	meted	peaks
least	meant	meter	peaky
leave	meany	metre	peals
ledge	meats	metro	pearl
leech	meaty	nears	pears
leeks	mecca	necks	peaty
leers	medal	needs	pecan
leery	media	needy	pecks
lefts	medic	neigh	pedal
lefty	meets	nemas	peeks
legal	melee	nerds	peels
leggy	melon	nerdy	peeps
lemma	melts	nerve	peers
lemon	mends	nervy	pekan
lemur	menus	nests	pelts

penal	reams	reign	retro
pence	reaps	reins	retry
penne	rearm	relax	reuse
penny	rears	relay	revel
perch	rebar	relic	revue
peril	rebel	relit	seals
perks	rebus	remap	seams
perky	rebut	remit	seamy
perms	recap	remix	sears
perry	recto	renal	seats
pesky	recur	rends	sects
pesto	recut	renew	sedan
pests	redox	rents	sedge
petal	reeds	repay	seeds
peter	reedy	repel	seedy
petit	reefs	reply	seeks
petty	reeks	reran	seems
reach	reels	rerun	seeps
react	refer	reset	seers
reads	refit	resin	segue
ready	regal	resit	seine
realm	rehab	rests	seize
reals	reify	retch	sells

Second letter

semen	teats	terns	verge
sends	teddy	terra	verse
sense	teems	terry	verso
sepia	teens	terse	verve
serai	teeny	tests	vests
serfs	teeth	testy	vexed
serge	telex	tetra	vexes
serif	tells	texas	weans
serum	telly	texts	wears
serve	tempi	veers	weary
setts	tempo	vegan	weave
setup	tempt	veils	webby
seven	tench	veins	wedge
sever	tends	velar	weeds
sewed	tenet	veldt	weedy
sewer	tenon	velum	weeks
sexed	tenor	venal	weeny
sexes	tense	vends	weeps
teach	tenth	venom	weepy
teams	tents	vents	weigh
tears	tepee	venue	weird
teary	tepid	venus	weirs
tease	terms	verbs	welch

welds	affix	again	ahead
wells	afire	agape	chafe
welly	afoot	agate	chaff
welsh	afoul	agave	chain
welts	afros	agent	chair
wench	after	agile	chalk
wends	offal	aging	champ
wetly	offer	aglow	chant
xenon	often	agony	chaos
yearn		agora	chaps
years		agree	chard
yeast		egged	charm
yells		egret	chars
yelps		igloo	chart
yetis		ogled	chary
zeals		ogres	chase
zebra			chasm
zebus			chats
zesty			cheap
			cheat
			check
			cheek
			cheep

Second letter

cheer	chops	rhine	shawl
chefs	chord	rhino	sheaf
chess	chore	rhyme	shear
chest	chose	shack	sheds
chews	chuck	shade	sheen
chewy	chuff	shady	sheep
chick	chugs	shaft	sheer
chide	chump	shags	sheet
chief	chums	shahs	sheik
child	chunk	shake	shelf
chili	churn	shaky	shell
chill	chute	shale	shied
chime	ghost	shall	shies
chimp	ghoul	shalt	shift
china	khaki	shame	shine
chins	khans	shams	shins
chips	ohmic	shank	shiny
chirp	phase	shape	ships
chits	phlox	shard	shire
chock	phone	share	shirk
choir	phony	shark	shirt
choke	photo	sharp	shoal
chomp	phyla	shave	shock

shoed	shuts	three	whiny
shoes	shyer	threw	whips
shone	shyly	throb	whirl
shook	thane	throw	whirr
shoot	thank	thrum	whisk
shops	thaws	thuds	whist
shore	theft	thugs	white
shorn	their	thumb	whizz
short	theme	thump	whole
shots	there	thyme	whoop
shout	these	whack	whose
shove	theta	whale	
shown	thick	wharf	
shows	thief	wheat	
showy	thigh	wheel	
shred	thine	whelk	
shrew	thing	whelp	
shrub	think	where	
shrug	thins	which	
shuck	third	whiff	
shuns	thong	while	
shunt	thorn	whims	
shush	those	whine	

Second letter

aided	binge	diary	disco
aider	bingo	diced	discs
aides	biome	dices	dishy
aimed	biota	dicey	ditch
aimer	biped	diets	ditto
aired	birch	digit	ditty
aisle	birds	dikes	divan
bible	birth	dilly	divas
bicep	bison	dimer	dived
biddy	biter	dimes	diver
bided	bites	dimly	dives
bides	bitts	dinar	divot
bidet	bitty	dined	dizzy
bigot	cider	diner	eider
bijou	cigar	dines	eight
biker	cilia	dingo	fiber
bikes	cinch	dingy	fibre
biles	circa	dinky	fiche
bilge	cited	dints	ficus
bills	cites	diode	fiefs
billy	civic	dirge	field
bimbo	civil	dirts	fiend
binds	dials	dirty	fiery

fifes	firer	girls	hires
fifth	fires	girly	hitch
fifty	firms	girth	hived
fight	first	given	hives
filch	firth	giver	jiffy
filed	fishy	gives	jihad
filer	fists	hider	jilts
files	fitly	hides	jimmy
filet	fiver	highs	jingo
fills	fives	hight	jinks
filly	fixed	hiked	jived
films	fixer	hiker	jives
filmy	fixes	hikes	kicks
filth	fizzy	hills	kills
final	giant	hilly	kilns
finch	gibed	hilts	kilts
finds	gibes	hinge	kinds
fined	giddy	hinny	kings
finer	gifts	hints	kinks
fines	gilds	hippo	kinky
finis	gills	hippy	kiosk
fiord	gilts	hired	kites
fired	gipsy	hirer	kitty

kiwis	links	mimes	mitts
liars	lions	mimic	mixed
libel	lipid	mince	mixer
lichi	lisps	minds	mixes
licks	lists	mined	mixup
liege	lithe	miner	nicer
liens	litre	mines	niche
lifts	lived	minim	nicks
light	liven	minke	niece
liked	liver	minks	nifty
liken	lives	minor	niger
likes	livid	mints	night
lilac	micro	minty	nines
limbo	midge	minus	ninja
limbs	midst	mired	ninny
limes	might	mires	ninth
limit	mikes	mirth	oiled
limps	miler	miser	oiler
lined	miles	missy	oinks
linen	milks	mists	piano
liner	milky	misty	picks
lines	mills	mites	picky
lingo	mimed	mitre	piece

piers	piped	rigor	sider
pieta	piper	riled	sides
piety	pipes	riles	siege
piggy	pipit	rills	sieve
pikes	pique	rinds	sifts
pilaf	pitch	rings	sighs
piled	piths	rinks	sight
piles	pithy	rinse	sigma
pills	piton	riots	signs
pilot	pivot	ripen	silks
pimps	pixel	riper	silky
pinch	pixie	risen	silly
pined	pizza	riser	silts
pines	rials	rises	silty
piney	ricks	risks	since
pings	rider	risky	sines
pinks	rides	rites	sinew
pinky	ridge	rival	singe
pinto	riffs	riven	sings
pints	rifle	river	sinks
pinup	rifts	rivet	sinus
pions	right	sibyl	sired
pious	rigid	sided	siren

Second letter

sires	tiles	vigil	wield
sisal	tills	vigor	wight
sissy	tilts	viler	wilds
sitar	timed	villa	wiles
sited	timer	vines	wills
sites	times	vinyl	wilts
sixes	timid	viola	wimpy
sixth	tinge	viper	wince
sixty	tinny	viral	winch
sized	tints	virus	winds
sizes	tipsy	visas	windy
tiara	tired	visit	wined
tibia	tires	visor	wines
ticks	titan	vista	wings
tidal	tithe	vital	winks
tides	title	vivid	wiped
tiers	titre	vixen	wiper
tiger	vials	wicks	wipes
tight	vibes	widen	wired
tikka	vicar	wider	wirer
tilde	vices	wides	wires
tiled	video	widow	wiser
tiler	views	width	wisps

wispy	eject	eking	alack
witch	fjord	okapi	alarm
witty		okays	album
wives		skate	alder
yield		skein	alecs
zippy		skews	alert
		skids	algae
		skied	algal
		skier	alias
		skies	alibi
		skiff	alien
		skill	align
		skimp	alike
		skims	aline
		skins	alive
		skips	alkyl
		skirl	allay
		skirt	alley
		skits	allot
		skuas	allow
		skulk	alloy
		skull	aloes
		skunk	aloft

Second letter

aloha	bless	blurb	cliff
alone	blimp	blurs	climb
along	blimy	blurt	cling
aloof	blind	blush	clink
aloud	blink	clack	clips
alpha	blips	claim	cloak
altar	bliss	clamp	clock
alter	blitz	clams	clods
blabs	bloat	clang	clogs
black	blobs	clank	clone
blade	block	clans	close
blame	blocs	claps	cloth
bland	bloke	clash	clots
blank	blond	clasp	cloud
blare	blood	class	clout
blase	bloom	claws	clove
blast	blots	clays	clown
blaze	blown	clean	clubs
bleak	blows	clear	cluck
bleat	bluer	cleat	clued
bleed	blues	cleft	clues
bleep	bluff	clerk	clump
blend	blunt	click	clung

eland	flare	flops	glass
elate	flash	flora	glaze
elbow	flask	floss	gleam
elder	flats	flour	glean
elect	flaws	flout	glebe
elegy	fleas	flown	glens
elfin	fleck	flows	glide
elide	flees	flues	glint
elite	fleet	fluff	gloat
elope	flesh	fluid	globe
elude	flick	fluke	gloom
elves	flier	flume	glory
flabs	flies	flung	gloss
flack	fling	flunk	glove
flags	flint	fluor	glows
flail	flips	flush	glued
flair	flirt	flute	glues
flake	flits	flyer	gluey
flaky	float	glace	gluon
flame	flock	glade	glyph
flank	flogs	gland	ileum
flans	flood	glans	iliac
flaps	floor	glare	iliad

Second letter

klick	plied	slang	slits
kloof	plier	slant	slobs
llama	plies	slaps	slogs
olden	plods	slash	sloop
older	plops	slate	slope
oldie	plots	slats	slops
olive	ploys	slave	slosh
place	pluck	slays	sloth
plaid	plugs	sleds	slots
plain	plumb	sleek	slows
plait	plume	sleep	slugs
plane	plump	sleet	slump
plank	plums	slept	slums
plans	plumy	slice	slung
plant	plunk	slick	slunk
plasm	plush	slide	slurp
plate	pluto	slily	slurs
plays	slabs	slime	slush
plaza	slack	slims	slyer
plead	slags	slimy	slyly
pleas	slain	sling	ulcer
pleat	slake	slink	ultra
plebs	slams	slips	

amass	emcee	smirk	angel
amaze	emery	smite	anger
amber	emirs	smith	angle
ambit	emits	smock	angry
amble	empty	smogs	angst
amend	image	smoke	anime
amens	imago	smoky	anion
amide	imams	smote	anise
amigo	imbue	smuts	ankle
amine	impel	umbra	annal
amino	imply		annex
amiss	ombre		annoy
amity	omega		annul
amman	omens		anode
among	omits		antic
amour	smack		anvil
ample	small		enact
amply	smart		ended
amuck	smash		endow
amuse	smear		enema
email	smell		enemy
embed	smelt		enjoy
ember	smile		ennui

Second letter

enrol	inlet	onion	snout
ensue	inner	onset	snows
enter	input	snack	snowy
entry	inset	snags	snubs
envoy	inter	snail	snuck
gnarl	intro	snake	snuff
gnash	inure	snaky	unapt
gnats	knack	snaps	unarm
gnaws	knave	snare	unary
gnome	knead	snarl	unbar
inane	kneed	sneak	uncle
inbox	kneel	sneer	uncut
incur	knees	snick	under
index	knell	snide	undid
india	knelt	sniff	undue
inept	knife	snipe	unfed
inert	knits	snips	unfit
infer	knobs	snits	unfix
infix	knock	snobs	unify
infra	knoll	snoek	union
ingot	knots	snoop	unite
inked	known	snore	units
inlay	knows	snort	unity

unjam	aorta	booby	bothy
unlit	board	booed	bough
unmet	boars	books	boule
unset	boast	booms	bound
untie	boats	boons	bouts
until	bobby	boors	bowed
unwed	boded	boost	bowel
unzip	bodes	booth	bower
	boffo	boots	bowie
	bogey	booty	bowls
	boggy	booze	boxed
	bogus	boozy	boxer
	boils	borax	boxes
	bolts	bored	coach
	bombs	borer	coals
	bonds	bores	coast
	boned	borne	coats
	bones	boron	coble
	boney	bosom	cobra
	bongo	boson	cocky
	bongs	bossy	cocoa
	bonny	bosun	coded
	bonus	botch	coder

Second letter

codes	conic	cough	doily
codex	cooed	could	doing
coils	cooks	count	doled
coins	cools	coupe	doles
colas	coons	coups	dolls
colds	coops	court	dolly
colon	coped	coven	domed
color	copes	cover	domes
colts	copra	coves	donga
comas	copse	covet	donor
combs	coral	covey	donut
comer	cords	cowed	dooms
comes	corer	cower	doors
comet	cores	coxed	doped
comfy	corgi	coxes	dopes
comic	corks	coyly	dopey
comma	corky	docks	dosed
conch	corns	dodge	doses
condo	corny	dodgy	doted
coned	corps	doers	dotes
cones	corse	doges	dotty
conga	costs	doggy	doubt
congo	couch	dogma	dough

douse	folds	fount	goofy
dover	folio	fours	goons
doves	folks	fowls	goose
dowdy	folly	foxed	gored
dowel	fonts	foxes	gores
downs	foods	foyer	gorge
downy	fools	goads	gorse
dowry	foots	goals	goths
dowse	foray	goats	gouge
doyen	force	godly	gourd
dozed	fords	goers	gowns
dozen	forge	gofer	hoard
dozes	forgo	going	hoary
eosin	forks	golds	hobby
foals	forms	golem	hocks
foams	forte	golly	hocus
foamy	forth	gonad	hoggs
focal	forts	goner	hoist
focus	forty	gongs	holds
fogey	forum	goods	holed
foggy	fossa	goody	holes
foils	fouls	gooey	holla
foist	found	goofs	holly

Second letter

homed	hosts	jowls	loins
homer	hotel	joyed	lolly
homes	hotly	koala	loner
honed	hound	loads	longs
hones	hours	loafs	looks
honey	house	loams	looms
honks	hovel	loamy	loony
honor	hover	loans	loops
hoods	howdy	loath	loopy
hoofs	howls	lobby	loose
hooks	ionic	lobed	loots
hooky	iotas	lobes	loped
hoops	joins	local	lopes
hoots	joint	lochs	lords
hoped	joist	locks	lorry
hopes	joked	locus	loser
horde	joker	lodge	loses
horns	jokes	loess	lotto
horny	jokey	lofts	lotus
horse	jolly	lofty	louis
hosed	jolts	logic	louse
hoses	joule	login	lousy
hosta	joust	logos	louts

loved	moods	motto	nomad
lover	moody	mould	nooks
loves	mooed	moult	noons
lower	moons	mound	noose
lowly	moors	mount	norms
loyal	moose	mourn	north
moats	moped	mouse	nosed
mocha	mopes	mousy	noses
mocks	moral	mouth	nosey
modal	moray	moved	notch
model	mores	mover	noted
modem	morns	moves	notes
modes	moron	movie	nouns
mogul	morph	mowed	novel
moist	morse	mower	oozed
molar	moses	noble	oozes
molds	mossy	nobly	poach
moldy	motel	nodal	pocks
moles	motes	noddy	podgy
molts	motet	nodes	podia
money	moths	nohow	poems
monks	motif	noise	poesy
month	motor	noisy	poets

Second letter

point	ports	robin	rouge
poise	posed	robot	rough
poked	poser	rocks	round
poker	poses	rocky	rouse
pokes	posit	rodeo	route
polar	posse	roger	routs
poled	posts	rogue	roved
poles	potch	roles	rover
polio	potty	rolls	roves
polka	pouch	roman	rowdy
polls	poult	romps	rowed
polyp	pound	roofs	rower
ponce	pours	rooks	royal
ponds	pouts	rooms	soaks
pooch	pouty	roomy	soaps
pools	power	roost	soapy
popes	roach	roots	soars
poppy	roads	roped	sober
porch	roams	ropes	socks
pored	roars	roses	sodas
pores	roast	rosin	soddy
porky	robed	rotas	sodom
porns	robes	rotor	sofas

softy	soups	tongs	toxin
soggy	soupy	tonic	toyed
soils	sours	tonne	vocal
solar	south	tools	vodka
soles	sowed	tooth	vogue
solid	sower	topaz	voice
solve	toads	topic	voids
somas	toady	torah	voila
sonar	toast	torch	voile
sones	today	torso	voles
songs	toddy	torts	volts
sonic	toffy	torus	vomit
sonny	togas	total	voted
sooth	toils	totem	voter
soots	token	touch	votes
sooty	tolls	tough	vouch
soppy	tombs	tours	vowed
sores	tomes	touts	vowel
sorry	tonal	towed	wodge
sorts	toned	towel	woken
souks	toner	tower	wolds
souls	tones	towns	woman
sound	tonga	toxic	wombs

Second letter

women	yoked	apace	opine
woods	yokel	apart	opium
woody	yokes	apery	opted
wooed	yolks	aphid	optic
wooer	young	apian	space
wools	yours	aping	spade
wooly	youth	apish	spank
woozy	zombi	apnea	spans
words	zonal	appal	spare
wordy	zoned	apple	spark
works	zones	apply	spars
world	zooms	appro	spasm
worms		apron	spate
wormy		apses	spats
worry		apsis	spawn
worse		aptly	spays
worst		ephor	speak
worth		epics	spear
would		epoch	speck
wound		epoxy	specs
woven		opals	speed
wowed		opens	spell
yodel		opera	spelt

spend	spook	equal	araks
spent	spool	equip	arbor
spews	spoon	squad	arced
spice	spoor	squat	ardor
spicy	spore	squaw	areal
spied	sport	squib	areas
spiel	spout	squid	arena
spies	sprat		argon
spike	spray		argot
spiky	spree		argue
spill	sprig		argus
spilt	spume		arias
spine	spurn		arise
spins	spurs		armed
spiny	spurt		armor
spire	upped		aroma
spite	upper		arose
spits	upset		array
splat			arrow
split			arson
spoil			artsy
spoke			brace
spoof			brags

Second letter

braid	bride	crags	cress
brail	brief	cramp	crest
brain	brims	crams	crews
brake	brine	crane	cribs
brand	bring	crank	crick
brans	brink	crash	cried
brash	briny	crass	crier
brass	brisk	crate	cries
brats	broad	crave	crime
brave	broil	crawl	crimp
bravo	broke	craws	crisp
brawl	brood	craze	croak
brawn	brook	crazy	crock
brays	broom	creak	croft
braze	broth	cream	crone
bread	brown	credo	crony
break	brows	creed	crook
bream	brunt	creek	croon
breed	brush	creel	crops
brews	brute	creep	cross
briar	crabs	creme	croup
bribe	crack	crepe	crowd
brick	craft	crept	crown

crows	dress	dryer	frets
crude	dried	dryly	friar
cruel	drier	erase	fried
crumb	dries	erect	fries
crump	drift	ergot	frill
crush	drill	erica	frisk
crust	drily	erode	fritz
crypt	drink	erose	frock
draft	drips	erred	frogs
drags	drive	error	frond
drain	droit	erupt	front
drake	droll	frail	frost
drama	drone	frame	froth
drank	drool	franc	frown
drape	droop	frank	froze
drawl	drops	fraud	fruit
drawn	dross	frays	fryer
draws	drove	freak	grabs
drays	drown	freed	grace
dread	drugs	freer	grade
dream	druid	frees	graft
drear	drums	freon	grail
dregs	drunk	fresh	grain

Second letter

grams	grins	irons	pried
grand	gripe	irony	pries
grant	grips	kraal	prime
grape	grist	kraft	primo
graph	grits	krill	print
grasp	groan	orang	prior
grass	groat	orate	prise
grate	groin	orbit	prism
grave	groom	order	privy
gravy	grope	organ	prize
graze	gross	prams	probe
great	group	prang	prods
greed	grout	prank	prone
greek	grove	prawn	prong
green	growl	prays	proof
greet	grown	preen	props
greys	grows	preps	prose
grids	grubs	press	proud
grief	gruel	preys	prove
grill	gruff	price	prowl
grime	grunt	prick	prows
grimy	irate	pricy	proxy
grind	irked	pride	prude

prune	tribe	trunk	wryly
trace	trice	truss	
track	trick	trust	
tract	tried	truth	
trade	trier	tryst	
trail	tries	urban	
train	trigs	urged	
trait	trill	urges	
tramp	trims	urine	
trams	tripe	wrack	
traps	trips	wraps	
trash	trite	wrath	
trawl	troll	wreak	
trays	troop	wreck	
tread	trope	wrens	
treat	trots	wrest	
trees	trout	wring	
treks	trove	wrist	
trend	truce	write	
tress	truck	writs	
trews	truer	wrong	
triad	truly	wrote	
trial	trump	wrung	

Second letter

ascot	usual	atlas	stale
ashen	usurp	atoll	stalk
ashes	usury	atoms	stall
aside		atone	stamp
asked		attic	stand
askew		ether	stank
aspic		ethic	stare
assay		ethos	stark
asses		ethyl	stars
asset		etude	start
aster		itchy	stash
astir		items	state
essay		other	stave
ester		otter	stays
isles		stabs	stead
islet		stack	steak
issue		staff	steal
oscar		stage	steam
psalm		stags	steed
usage		staid	steel
users		stain	steep
usher		stair	steer
using		stake	stein

stems	stool	stump	audio
steps	stoop	stung	audit
stern	stops	stunk	auger
stews	store	stuns	augur
stick	stork	stunt	aunts
sties	storm	style	aunty
stiff	story	styli	aural
still	stout	uteri	auras
stilt	stove	utile	auric
sting	stows	utter	bucks
stink	strap		buddy
stint	straw		budge
stirs	stray		buffs
stoat	strew		buggy
stock	strip		bugle
stoic	strop		build
stoke	strum		built
stole	strut		bulbs
stoma	stubs		bulge
stomp	stuck		bulgy
stone	studs		bulks
stony	study		bulky
stood	stuff		bulls

Second letter

bully	cubes	cusps	dusty
bumps	cubic	cutie	dutch
bumpy	cubit	duals	duvet
bunch	cuffs	duchy	fudge
bunks	cuing	ducks	fuels
bunny	culls	ducts	fugal
buoys	cults	dudes	fugue
burly	cumin	duels	fully
burns	cupid	duets	fumed
burnt	curbs	dukes	fumes
burps	curds	dulls	funds
burst	cured	dully	fungi
bused	curer	dummy	funky
buses	cures	dumps	funny
bushy	curia	dumpy	furls
busts	curie	dunce	furor
busty	curio	dunes	furry
butch	curls	duomo	furze
butte	curly	duped	fused
butts	curry	dupes	fuses
buxom	curse	dures	fussy
buyer	curve	dusky	fusty
cubed	curvy	dusts	futon

fuzzy	gutsy	judas	lungs
guano	hubby	judge	lupin
guard	huffy	juice	lupus
guava	hulks	juicy	lurch
guess	hullo	julep	lured
guest	hulls	jumbo	lures
guide	human	jumps	lurex
guild	humid	jumpy	lurid
guile	humor	junks	lurks
guilt	humph	junta	lusts
guise	humps	junto	lusty
gulch	humus	juror	lutes
gulfs	hunch	kudus	mucid
gulls	hunks	lucid	mucks
gully	hunky	lucky	mucky
gulps	hunts	lucre	mucus
gumbo	hurls	lulls	muddy
gummy	hurry	lumen	muffs
guppy	hurts	lumps	mufti
gurus	husks	lumpy	muggy
gusto	husky	lunar	mulch
gusts	hussy	lunch	mules
gusty	hutch	lunge	mummy

Second letter

mumps	ounce	puree	quern
munch	ousts	purer	query
muons	outdo	purge	quest
mural	outer	purls	queue
murky	outgo	purrs	quick
mused	pubic	purse	quids
muses	pudgy	pushy	quiet
mushy	puffs	putti	quiff
music	puffy	putts	quill
musks	pulls	putty	quilt
musky	pulps	quack	quips
musts	pulpy	quaff	quire
musty	pulse	quail	quirk
muted	pumas	quake	quite
mutes	pumps	qualm	quits
mutts	punch	quark	quota
nudes	punks	quart	quote
nudge	punky	quash	quoth
nulls	punts	quasi	rucks
numbs	pupae	quays	ruddy
nurse	pupal	queen	ruder
nutty	pupil	queer	ruffs
ought	puppy	quell	rugby

ruins	suite	tulip	avail
ruled	suits	tulle	avens
ruler	sulks	tummy	avers
rules	sulky	tumor	avert
rumba	sully	tunas	avian
rumen	sumac	tuned	avoid
rummy	summa	tuner	evade
rumor	sumps	tunes	evens
rumps	sunny	tunic	event
runes	super	tunny	every
rungs	surer	turbo	evict
runny	surfs	turfs	evils
runts	surge	turfy	evoke
rupee	surly	turks	ivies
rural	sushi	turns	ivory
rusks	tubal	tusks	ovals
rusts	tubas	tutor	ovary
rusty	tubby	yummy	ovate
suave	tubed		ovens
sucks	tuber		overs
suede	tubes		overt
sugar	tucks		ovine
suing	tufts		ovoid

Second letter

99

uvula	await	swath	swore
	awake	swats	sworn
	award	sways	swots
	aware	swear	swung
	awash	sweat	twain
	awful	swede	twang
	awoke	sweep	tweak
	dwarf	sweet	tweed
	dwell	swell	tweet
	dwelt	swept	twice
	owing	swift	twigs
	owlet	swill	twill
	owned	swims	twine
	owner	swine	twins
	swabs	swing	twirl
	swags	swipe	twist
	swami	swirl	twixt
	swamp	swish	
	swans	swiss	
	swaps	swoon	
	sward	swoop	
	swarm	swops	
	swash	sword	

a**x**ial	b**y**law	l**y**ric	a**z**ure
a**x**ing	b**y**tes	m**y**ope	c**z**ars
a**x**iom	b**y**way	m**y**rrh	o**z**one
a**x**ion	c**y**ber	m**y**ths	
a**x**les	c**y**cad	n**y**ala	
a**x**ons	c**y**cle	n**y**lon	
e**x**act	c**y**nic	n**y**mph	
e**x**alt	c**y**sts	p**y**gmy	
e**x**ams	d**y**ers	p**y**lon	
e**x**cel	d**y**ing	p**y**res	
e**x**ert	d**y**kes	s**y**lph	
e**x**ile	e**y**ing	s**y**nod	
e**x**ist	g**y**psy	s**y**rup	
e**x**its	h**y**dra	t**y**ing	
e**x**pel	h**y**dro	t**y**kes	
e**x**tol	h**y**ena	t**y**ped	
e**x**tra	h**y**men	t**y**pes	
e**x**ude	h**y**mns	t**y**res	
e**x**ult	h**y**per	v**y**ing	
o**x**ide	l**y**ing		
	l**y**mph		
	l**y**nch		
	l**y**res		

Second letter

Words sorted by third letter

aback	award	bland	brave
abaft	aware	blank	bravo
abase	awash	blare	brawl
abash	beach	blase	brawn
abate	beads	blast	brays
adage	beady	blaze	braze
adapt	beaks	board	cease
again	beams	boars	chafe
agape	beamy	boast	chaff
agate	beans	boats	chain
agave	beany	brace	chair
alack	beard	brags	chalk
alarm	bears	braid	champ
amass	beast	brail	chant
amaze	beats	brain	chaos
apace	beaus	brake	chaps
apart	beaux	brand	chard
araks	blabs	brans	charm
avail	black	brash	chars
await	blade	brass	chart
awake	blame	brats	chary

chase	crags	drags	feats
chasm	cramp	drain	flabs
chats	crams	drake	flack
clack	crane	drama	flags
claim	crank	drank	flail
clamp	crash	drape	flair
clams	crass	drawl	flake
clang	crate	drawn	flaky
clank	crave	draws	flame
clans	crawl	drays	flank
claps	craws	duals	flans
clash	craze	dwarf	flaps
clasp	crazy	eland	flare
class	czars	elate	flash
claws	deals	email	flask
clays	dealt	enact	flats
coach	deans	erase	flaws
coals	dears	evade	foals
coast	deary	exact	foams
coats	death	exalt	foamy
crabs	dials	exams	frail
crack	diary	fears	frame
craft	draft	feast	franc

Third letter

frank	grail	heath	leaky
fraud	grain	heats	leans
frays	grams	heave	leant
gears	grand	heavy	leaps
giant	grant	hoard	leapt
glace	grape	hoary	learn
glade	graph	image	lease
gland	grasp	imago	leash
glans	grass	imams	least
glare	grate	inane	leave
glass	grave	irate	liars
glaze	gravy	jeans	llama
gnarl	graze	khaki	loads
gnash	guano	khans	loafs
gnats	guard	knack	loams
gnaws	guava	knave	loamy
goads	heads	koala	loans
goals	heady	kraal	loath
goats	heals	kraft	meals
grabs	heaps	leach	mealy
grace	heard	leads	means
grade	hears	leafy	meant
graft	heart	leaks	meany

meats	place	qualm	scald
meaty	plaid	quark	scale
moats	plain	quart	scalp
nears	plait	quash	scaly
nyala	plane	quasi	scamp
okapi	plank	quays	scams
okays	plans	reach	scans
opals	plant	react	scant
orang	plasm	reads	scape
orate	plate	ready	scare
ovals	plays	realm	scarf
ovary	plaza	reals	scarp
ovate	poach	reams	scars
peace	prams	reaps	scary
peach	prang	rearm	seals
peaks	prank	rears	seams
peaky	prawn	rials	seamy
peals	prays	roach	sears
pearl	psalm	roads	seats
pears	quack	roams	shack
peaty	quaff	roars	shade
phase	quail	roast	shady
piano	quake	scabs	shaft

Third letter

shags	slams	soapy	stale
shahs	slang	soars	stalk
shake	slant	space	stall
shaky	slaps	spade	stamp
shale	slash	spank	stand
shall	slate	spans	stank
shalt	slats	spare	stare
shame	slave	spark	stark
shams	slays	spars	stars
shank	smack	spasm	start
shape	small	spate	stash
shard	smart	spats	state
share	smash	spawn	stave
shark	snack	spays	stays
sharp	snags	stabs	suave
shave	snail	stack	swabs
shawl	snake	staff	swags
skate	snaky	stage	swami
slabs	snaps	stags	swamp
slack	snare	staid	swans
slags	snarl	stain	swaps
slain	soaks	stair	sward
slake	soaps	stake	swarm

swash	trait	wrath	abbey
swath	tramp	yearn	abbot
swats	trams	years	album
sways	traps	yeast	amber
teach	trash	zeals	ambit
teams	trawl		amble
tears	trays		arbor
teary	twain		babas
tease	twang		babel
teats	unapt		babes
thane	unarm		bebop
thank	unary		bible
thaws	usage		bobby
tiara	vials		cabal
toads	weans		cabby
toady	wears		cabin
toast	weary		cable
trace	weave		coble
track	whack		cobra
tract	whale		cubed
trade	wharf		cubes
trail	wrack		cubic
train	wraps		cubit

Third letter

cyber	labor	sabra	arced
debar	libel	sabre	ascot
debit	lobby	sibyl	backs
debts	lobed	sober	bacon
debug	lobes	tabby	becks
debut	noble	table	bicep
ebbed	nobly	taboo	bucks
elbow	ombre	tibia	cacao
embed	orbit	tubal	cache
ember	pubic	tubas	cacti
fable	rabat	tubby	cocky
fiber	rabbi	tubed	cocoa
fibre	rabid	tuber	cycad
gable	rebar	tubes	cycle
gibed	rebel	umbra	dacha
gibes	rebus	unbar	decaf
habit	rebut	urban	decal
hobby	robed	vibes	decay
hubby	robes	webby	decks
imbue	robin	zebra	decor
inbox	robot	zebus	decoy
kebab	saber		decry
label	sable		diced

dices	incur	mocks	racer
dicey	itchy	mucid	races
docks	jacks	mucks	racks
duchy	kicks	mucky	recap
ducks	laced	mucus	recto
ducts	laces	necks	recur
emcee	lacks	nicer	recut
excel	lichi	niche	ricks
faced	licks	nicks	rocks
facer	local	occur	rocky
faces	lochs	oscar	rucks
facet	locks	paced	sacks
facia	locus	pacer	sects
facts	lucid	paces	socks
fecal	lucky	pacey	sucks
fiche	lucre	packs	tacit
ficus	macaw	pacts	tacks
focal	maces	pecan	tacky
focus	macho	pecks	ticks
gecko	macro	picks	tucks
hacks	mecca	picky	ulcer
hocks	micro	pocks	uncle
hocus	mocha	raced	uncut

Third letter

vacua	added	cadge	hider
vicar	adder	cedar	hides
vices	addle	ceded	hydra
vocal	aided	cider	hydro
wacky	aider	coded	index
wicks	aides	coder	india
yacht	alder	codes	jaded
	ardor	codex	jades
	audio	daddy	judas
	audit	dodge	judge
	baddy	dodgy	kudus
	badge	dudes	laden
	badly	eider	ladle
	biddy	elder	ledge
	bided	ended	lodge
	bides	endow	madam
	bidet	faded	madly
	boded	fades	medal
	bodes	fudge	media
	buddy	giddy	medic
	budge	godly	midge
	caddy	hades	midst
	cadet	hedge	modal

mo**d**el	ra**d**ii	to**d**ay	ab**e**am
mo**d**em	ra**d**io	to**d**dy	ab**e**le
mo**d**es	ra**d**ix	u**d**der	ab**e**ts
mu**d**dy	ra**d**on	un**d**er	ac**e**rs
na**d**ir	re**d**ox	un**d**id	ad**e**pt
no**d**al	ri**d**er	un**d**ue	ag**e**nt
no**d**dy	ri**d**es	vi**d**eo	ah**e**ad
no**d**es	ri**d**ge	vo**d**ka	al**e**cs
nu**d**es	ro**d**eo	wa**d**ed	al**e**rt
nu**d**ge	ru**d**dy	wa**d**er	am**e**nd
o**d**der	ru**d**er	wa**d**es	am**e**ns
o**d**dly	sa**d**ly	wa**d**is	ap**e**ry
ol**d**en	se**d**an	we**d**ge	ar**e**al
ol**d**er	se**d**ge	wi**d**en	ar**e**as
ol**d**ie	si**d**ed	wi**d**er	ar**e**na
or**d**er	si**d**er	wi**d**es	av**e**ns
pa**d**dy	si**d**es	wi**d**ow	av**e**rs
pa**d**re	so**d**as	wi**d**th	av**e**rt
pe**d**al	so**d**dy	wo**d**ge	be**e**ch
po**d**gy	so**d**om	yo**d**el	be**e**fs
po**d**ia	te**d**dy		be**e**fy
pu**d**gy	ti**d**al		be**e**ps
ra**d**ar	ti**d**es		be**e**rs

Third letter

beery	chewy	doers	feeds
beets	clean	dread	feels
bleak	clear	dream	fiefs
bleat	cleat	drear	field
bleed	cleft	dregs	fiend
bleep	clerk	dress	fiery
blend	creak	duels	fleas
bless	cream	duets	fleck
bread	credo	dwell	flees
break	creed	dwelt	fleet
bream	creek	dyers	flesh
breed	creel	edema	freak
brews	creep	eject	freed
cheap	creme	elect	freer
cheat	crepe	elegy	frees
check	crept	emery	freon
cheek	cress	enema	fresh
cheep	crest	enemy	frets
cheer	crews	erect	fuels
chefs	deeds	evens	geeks
chess	deems	event	geeky
chest	deeps	every	geese
chews	diets	exert	gleam

glean	keels	omens	preps
glebe	keeps	opens	press
glens	knead	opera	preys
goers	kneed	ovens	queen
great	kneel	overs	queer
greed	knees	overt	quell
greek	knell	paean	quern
green	knelt	peeks	query
greet	leech	peels	quest
greys	leeks	peeps	queue
guess	leers	peers	reeds
guest	leery	piece	reedy
heeds	liege	piers	reefs
heels	liens	pieta	reeks
hyena	loess	piety	reels
ideal	meets	plead	scene
ideas	needs	pleas	scent
ileum	needy	pleat	seeds
inept	niece	plebs	seedy
inert	obese	poems	seeks
items	obeys	poesy	seems
jeeps	ocean	poets	seeps
jeers	omega	preen	seers

Third letter

sheaf	sneer	stews	treks
shear	speak	suede	trend
sheds	spear	swear	tress
sheen	speck	sweat	trews
sheep	specs	swede	tweak
sheer	speed	sweep	tweed
sheet	spell	sweet	tweet
sheik	spelt	swell	users
shelf	spend	swept	uteri
shell	spent	teems	veers
siege	spews	teens	views
sieve	stead	teeny	weeds
skein	steak	teeth	weedy
skews	steal	theft	weeks
sleds	steam	their	weeny
sleek	steed	theme	weeps
sleep	steel	there	weepy
sleet	steep	these	wheat
slept	steer	theta	wheel
smear	stein	tiers	whelk
smell	stems	tread	whelp
smelt	steps	treat	where
sneak	stern	trees	wield

wreak	affix	jiffy	sifts
wreck	awful	lefts	sofas
wrens	befit	lefty	softy
wrest	befog	lifts	taffy
yield	boffo	lofts	toffy
	buffs	lofty	tufts
	cafes	mafia	unfed
	cuffs	muffs	unfit
	daffy	mufti	unfix
	defer	nifty	wafer
	elfin	offal	wafts
	fifes	offer	
	fifth	puffs	
	fifty	puffy	
	gaffe	rafts	
	gifts	refer	
	gofer	refit	
	hafts	riffs	
	hefty	rifle	
	huffy	rifts	
	infer	ruffs	
	infix	safer	
	infra	safes	

Third letter

aegis	bogey	fogey	ought
algae	boggy	foggy	pagan
algal	bogus	fugal	paged
angel	buggy	fugue	pager
anger	bugle	highs	pages
angle	caged	hight	piggy
angry	cages	hoggs	pygmy
angst	cagey	ingot	raged
argon	cigar	lager	rages
argot	dagga	legal	regal
argue	degas	leggy	right
argus	digit	light	rigid
auger	doges	logic	rigor
augur	doggy	login	roger
bagel	dogma	logos	rogue
baggy	eager	magic	rugby
began	eagle	magma	sagas
begat	edged	might	sages
beget	edges	mogul	segue
begin	egged	muggy	sighs
begot	eight	niger	sight
begun	ergot	night	sigma
bigot	fight	organ	signs

soggy	abhor	abide	apian
sugar	ached	acids	aping
tiger	aches	adieu	apish
tight	aphid	adios	arias
togas	ashen	afire	arise
urged	ashes	agile	aside
urges	ephor	aging	avian
vague	ether	alias	axial
vegan	ethic	alibi	axing
vigil	ethos	alien	axiom
vigor	ethyl	align	axion
vogue	jehad	alike	bails
waged	jihad	aline	baits
wager	nohow	alive	beige
wages	ochre	amide	being
wagon	other	amigo	blimp
wight	rehab	amine	blimy
	sahib	amino	blind
	schwa	amiss	blink
	usher	amity	blips
		anime	bliss
		anion	blitz
		anise	boils

Third letter

briar	chins	daisy	elite
bribe	chips	deify	emirs
brick	chirp	deign	emits
bride	chits	deism	epics
brief	click	deist	erica
brims	cliff	deity	evict
brine	climb	doily	evils
bring	cling	doing	exile
brink	clink	dried	exist
briny	clips	drier	exits
brisk	coils	dries	eying
build	coins	drift	fails
built	cribs	drill	faint
cairn	crick	drily	fairs
chick	cried	drink	fairy
chide	crier	drips	faith
chief	cries	drive	feign
child	crime	dying	feint
chili	crimp	edict	flick
chill	crisp	edify	flier
chime	cuing	edits	flies
chimp	daily	eking	fling
china	dairy	elide	flint

flips	grins	iliad	naiad
flirt	gripe	ivies	nails
flits	grips	jails	naive
foils	grist	joins	neigh
foist	grits	joint	noise
friar	guide	joist	noisy
fried	guild	juice	odium
fries	guile	juicy	olive
frill	guilt	klick	omits
frisk	guise	knife	onion
fritz	haiku	knits	opine
gaily	hails	krill	opium
gains	hairs	laird	ovine
gaits	hairy	lairs	owing
glide	heirs	laity	oxide
glint	heist	loins	pails
going	hoist	lying	pains
grids	icier	maids	paint
grief	icily	mails	pairs
grill	icing	maims	plied
grime	idiom	mains	plier
grimy	idiot	maize	plies
grind	iliac	moist	point

Third letter

poise	quirk	shins	slime
price	quite	shiny	slims
prick	quits	ships	slimy
pricy	raids	shire	sling
pride	rails	shirk	slink
pried	rains	shirt	slips
pries	rainy	skids	slits
prime	raise	skied	smile
primo	reify	skier	smirk
print	reign	skies	smite
prior	reins	skiff	smith
prise	rhine	skill	snick
prism	rhino	skimp	snide
privy	ruins	skims	sniff
prize	sails	skins	snipe
quick	saint	skips	snips
quids	scion	skirl	snits
quiet	seine	skirt	soils
quiff	seize	skits	spice
quill	shied	slice	spicy
quilt	shies	slick	spied
quips	shift	slide	spiel
quire	shine	slily	spies

spike	swill	trick	unity
spiky	swims	tried	urine
spill	swine	trier	using
spilt	swing	tries	utile
spine	swipe	trigs	veils
spins	swirl	trill	veins
spiny	swish	trims	voice
spire	swiss	tripe	voids
spite	tails	trips	voila
spits	taint	trite	voile
stick	thick	twice	vying
sties	thief	twigs	waifs
stiff	thigh	twill	wails
still	thine	twine	waist
stilt	thing	twins	waits
sting	think	twirl	waive
stink	thins	twist	weigh
stint	third	twixt	weird
stirs	toils	tying	weirs
suing	triad	unify	which
suite	trial	union	whiff
suits	tribe	unite	while
swift	trice	units	whims

Third letter

whine	bijou	alkyl	joker
whiny	enjoy	ankle	jokes
whips	major	asked	jokey
whirl	rajah	askew	lakes
whirr	unjam	baked	liked
whisk		baker	liken
whist		bakes	likes
white		biker	maker
whizz		bikes	makes
wring		caked	mikes
wrist		cakes	naked
write		dikes	oaken
writs		dukes	oakum
zaire		dykes	pekan
		faked	pikes
		fakes	poked
		hakea	poker
		hiked	pokes
		hiker	raked
		hikes	rakes
		inked	sakes
		irked	taken
		joked	taker

takes	abled	below	colas
tikka	abler	belts	colds
token	aglow	biles	colon
tykes	allay	bilge	color
waked	alley	bills	colts
waken	allot	billy	culls
wakes	allow	bolts	cults
woken	alloy	bulbs	dales
yoked	atlas	bulge	dally
yokel	axles	bulgy	delay
yokes	baldy	bulks	dells
	baled	bulky	delta
	baler	bulls	delve
	bales	bully	dilly
	balms	bylaw	doled
	balmy	calif	doles
	balsa	calls	dolls
	belay	calms	dolly
	belch	calve	dulls
	belie	celeb	dully
	belle	cello	eclat
	bells	cells	falls
	belly	cilia	false

Third letter

123

fella	gills	hilts	kelts
fells	gilts	holds	kills
felon	golds	holed	kilns
filch	golem	holes	kilts
filed	golly	holla	lilac
filer	gulch	holly	lolly
files	gulfs	hulks	lulls
filet	gulls	hullo	males
fills	gully	hulls	malls
filly	gulps	idled	malta
films	halal	idler	malts
filmy	hallo	idles	malty
filth	halls	igloo	malva
folds	halon	inlay	melee
folio	halts	inlet	melon
folks	halve	isles	melts
folly	helix	islet	miler
fully	hello	jelly	miles
galas	hells	jilts	milks
gales	helms	jolly	milky
galls	helps	jolts	mills
galop	hills	julep	molar
gilds	hilly	kalif	molds

moldy	pills	roles	solve
moles	pilot	rolls	splat
molts	polar	ruled	split
mulch	poled	ruler	sulks
mules	poles	rules	sulky
nulls	polio	salad	sully
nylon	polka	sales	sylph
ogled	polls	sally	tales
oiled	polyp	salon	talks
oiler	pulls	salsa	tally
owlet	pulps	salts	talon
paled	pulpy	salty	telex
paler	pulse	salve	tells
pales	pylon	salvo	telly
palls	rally	sells	tilde
palms	ralph	silks	tiled
palmy	relax	silky	tiler
palsy	relay	silly	tiles
pelts	relic	silts	tills
phlox	relit	silty	tilts
pilaf	riled	solar	tolls
piled	riles	soles	tulip
piles	rills	solid	tulle

Third letter

unlit	welts	adman	comic
vales	wilds	admen	comma
valet	wiles	admin	cumin
valid	wills	admit	dames
valor	wilts	admix	damns
value	wolds	aimed	damps
valve	yells	aimer	demon
velar	yelps	amman	demur
veldt	yolks	armed	dimer
velum		armor	dimes
viler		bimbo	dimly
villa		bombs	domed
voles		bumps	domes
volts		bumpy	dummy
wales		camel	dumps
walks		cameo	dumpy
walls		camps	famed
waltz		comas	femme
welch		combs	femur
welds		comer	fumed
wells		comes	fumes
welly		comet	gamed
welsh		comfy	gamer

games	lamas	mimic	rumor
gamma	lambs	mummy	rumps
gamut	lamed	mumps	samba
gumbo	lamps	named	semen
gummy	lemma	names	somas
homed	lemon	nemas	sumac
homer	lemur	nomad	summa
homes	limbo	numbs	sumps
human	limbs	nymph	tamed
humid	limes	ohmic	tamer
humor	limit	pimps	tames
humph	limps	pumas	tempi
humps	lumen	pumps	tempo
humus	lumps	ramen	tempt
hymen	lumpy	ramps	timed
hymns	lymph	remap	timer
jambs	mamas	remit	times
james	mamba	remix	timid
jemmy	mambo	roman	tombs
jimmy	mamma	romps	tomes
jumbo	mammy	rumba	tummy
jumps	mimed	rumen	tumor
jumpy	mimes	rummy	unmet

Third letter

vamps	annal	bongs	dance
vomit	annex	bonny	dandy
wimpy	annoy	bonus	denim
woman	annul	bunch	dense
wombs	apnea	bunks	dents
women	aunts	bunny	dinar
yummy	aunty	canal	dined
zombi	banal	candy	diner
	bands	caned	dines
	bangs	canes	dingo
	banjo	canny	dingy
	banks	canoe	dinky
	banns	canon	dints
	bench	cents	donga
	bends	cinch	donor
	binds	conch	donut
	binge	condo	dunce
	bingo	coned	dunes
	bonds	cones	ennui
	boned	conga	fancy
	bones	congo	fangs
	boney	conic	fanny
	bongo	cynic	fence

fends	gongs	jinks	lunar
final	hands	junks	lunch
finch	handy	junta	lunge
finds	hangs	junto	lungs
fined	hence	kendo	lynch
finer	henge	kinds	maned
fines	henna	kings	manes
finis	henry	kinks	manga
fonts	hinge	kinky	mange
funds	hinny	lance	mango
fungi	hints	lands	mangy
funky	honed	lanes	mania
funny	hones	lanky	manic
gangs	honey	lends	manly
genes	honks	lento	manna
genie	honor	lined	manor
genii	hunch	linen	manse
genoa	hunks	liner	mends
genre	hunky	lines	menus
gents	hunts	lingo	mince
genus	inner	links	minds
gonad	ionic	loner	mined
goner	jingo	longs	miner

Third letter

129

mines	panel	punch	runts
minim	panes	punks	sands
minke	panga	punky	sandy
minks	pangs	punts	saner
minor	panic	ranch	sends
mints	pansy	rands	sense
minty	pants	randy	since
minus	penal	range	sines
money	pence	rangy	sinew
monks	penne	ranis	singe
month	penny	ranks	sings
munch	pinch	rants	sinks
nanny	pined	renal	sinus
nines	pines	rends	sonar
ninja	piney	renew	sones
ninny	pings	rents	songs
ninth	pinks	rinds	sonic
oinks	pinky	rings	sonny
ounce	pinto	rinks	sunny
owned	pints	rinse	synod
owner	pinup	runes	tango
panda	ponce	rungs	tangy
paned	ponds	runny	tanks

te**n**ch	tu**n**ic	wi**n**ed	ab**o**de
te**n**ds	tu**n**ny	wi**n**es	ab**o**rt
te**n**et	va**n**ed	wi**n**gs	ab**o**ut
te**n**on	va**n**es	wi**n**ks	ab**o**ve
te**n**or	ve**n**al	xe**n**on	ac**o**rn
te**n**se	ve**n**ds	ya**n**ks	ad**o**be
te**n**th	ve**n**om	zo**n**al	ad**o**pt
te**n**ts	ve**n**ts	zo**n**ed	ad**o**re
ti**n**ge	ve**n**ue	zo**n**es	ad**o**rn
ti**n**ny	ve**n**us		ae**o**ns
ti**n**ts	vi**n**es		af**o**ot
to**n**al	vi**n**yl		af**o**ul
to**n**ed	wa**n**ds		ag**o**ny
to**n**er	wa**n**ed		ag**o**ra
to**n**es	wa**n**es		al**o**es
to**n**ga	wa**n**ly		al**o**ft
to**n**gs	wa**n**ts		al**o**ha
to**n**ic	we**n**ch		al**o**ne
to**n**ne	we**n**ds		al**o**ng
tu**n**as	wi**n**ce		al**o**of
tu**n**ed	wi**n**ch		al**o**ud
tu**n**er	wi**n**ds		am**o**ng
tu**n**es	wi**n**dy		am**o**ur

Third letter

anode	booed	choke	croak
aroma	books	chomp	crock
arose	booms	chops	croft
atoll	boons	chord	crone
atoms	boors	chore	crony
atone	boost	chose	crook
avoid	booth	cloak	croon
awoke	boots	clock	crops
axons	booty	clods	cross
biome	booze	clogs	croup
biota	boozy	clone	crowd
bloat	broad	close	crown
blobs	broil	cloth	crows
block	broke	clots	diode
blocs	brood	cloud	dooms
bloke	brook	clout	doors
blond	broom	clove	droit
blood	broth	clown	droll
bloom	brown	cooed	drone
blots	brows	cooks	drool
blown	buoys	cools	droop
blows	chock	coons	drops
booby	choir	coops	dross

drove	flows	goods	hoops
drown	foods	goody	hoots
duomo	fools	gooey	icons
ebony	foots	goofs	idols
elope	frock	goofy	irons
epoch	frogs	goons	irony
epoxy	frond	goose	ivory
erode	front	groan	kiosk
erose	frost	groat	kloof
evoke	froth	groin	knobs
fiord	frown	groom	knock
fjord	froze	grope	knoll
float	gaols	gross	knots
flock	ghost	group	known
flogs	ghoul	grout	knows
flood	gloat	grove	leone
floor	globe	growl	lions
flops	gloom	grown	looks
flora	glory	grows	looms
floss	gloss	hoods	loony
flour	glove	hoofs	loops
flout	glows	hooks	loopy
flown	gnome	hooky	loose

Third letter

loots	plops	rooms	shops
meows	plots	roomy	shore
moods	ploys	roost	shorn
moody	pooch	roots	short
mooed	pools	scoff	shots
moons	probe	scold	shout
moors	prods	scone	shove
moose	prone	scoop	shown
muons	prong	scoot	shows
myope	proof	scope	showy
nooks	props	score	slobs
noons	prose	scorn	slogs
noose	proud	scots	sloop
oboes	prove	scour	slope
odour	prowl	scout	slops
ovoid	prows	scowl	slosh
ozone	proxy	shoal	sloth
phone	quota	shock	slots
phony	quote	shoed	slows
photo	quoth	shoes	smock
pions	riots	shone	smogs
pious	roofs	shook	smoke
plods	rooks	shoot	smoky

smote	stock	swore	wooly
snobs	stoic	sworn	woozy
snoek	stoke	swots	wrong
snoop	stole	thong	wrote
snore	stoma	thorn	zooms
snort	stomp	those	
snout	stone	tools	
snows	stony	tooth	
snowy	stood	troll	
sooth	stool	troop	
soots	stoop	trope	
sooty	stops	trots	
spoil	store	trout	
spoke	stork	trove	
spoof	storm	viola	
spook	story	whole	
spool	stout	whoop	
spoon	stove	whose	
spoor	stows	woods	
spore	swoon	woody	
sport	swoop	wooed	
spout	swops	wooer	
stoat	sword	wools	

Third letter

alpha	duped	leper	pupil
ample	dupes	lipid	puppy
amply	empty	loped	raped
appal	expel	lopes	rapes
apple	gaped	lupin	rapid
apply	gapes	lupus	repay
appro	gipsy	maple	repel
aspic	guppy	moped	reply
biped	gypsy	mopes	ripen
caped	happy	nappy	riper
caper	hippo	papal	roped
capes	hippy	papas	ropes
caput	hoped	papaw	rupee
coped	hopes	paper	sappy
copes	hyper	pappy	sepia
copra	impel	piped	soppy
copse	imply	piper	super
cupid	input	pipes	tapas
depot	japan	pipit	taped
depth	japes	popes	taper
doped	kappa	poppy	tapes
dopes	lapel	pupae	tapir
dopey	lapse	pupal	tepee

tepid	pique	acres	beret
tipsy		acrid	bergs
topaz		afros	berry
topic		agree	berth
typed		aired	beryl
types		aorta	birch
upped		apron	birds
upper		array	birth
vapid		arrow	borax
vapor		aural	bored
viper		auras	borer
wiped		auric	bores
wiper		barbs	borne
wipes		bards	boron
zappy		bared	burly
zippy		barer	burns
		bares	burnt
		barge	burps
		barks	burst
		barky	carat
		barns	cards
		baron	cared
		barre	carer

Third letter

cares	curer	earns	force
cargo	cures	earth	fords
carol	curia	eerie	forge
carps	curie	egret	forgo
carry	curio	enrol	forks
carts	curls	erred	forms
carve	curly	error	forte
ceres	curry	farad	forth
circa	curse	farce	forts
coral	curve	fared	forty
cords	curvy	fares	forum
corer	dared	farms	furls
cores	dares	feral	furor
corgi	darns	ferns	furry
corks	darts	ferny	furze
corky	derby	ferry	garbs
corns	dirge	fired	germs
corny	dirts	firer	girls
corps	dirty	fires	girly
corse	dures	firms	girth
curbs	eared	first	gored
curds	earls	firth	gores
cured	early	foray	gorge

gorse	horse	lurks	morse
gurus	hurls	lyres	mural
hardy	hurry	lyric	murky
hared	hurts	march	myrrh
harem	jerks	mares	nerds
hares	jerky	maria	nerdy
harks	juror	marks	nerve
harms	karma	marls	nervy
harps	karst	marry	norms
harpy	kerbs	marsh	north
harry	larch	mercy	nurse
harsh	lards	merge	ogres
harts	large	merit	parch
herbs	largo	merry	pared
herds	larks	mired	parer
heron	larva	mires	pares
hertz	lords	mirth	paris
hired	lorry	moral	parka
hirer	lurch	moray	parks
hires	lured	mores	parry
horde	lures	morns	parse
horns	lurex	moron	parts
horny	lurid	morph	party

Third letter

perch	sarge	sorts	tarts
peril	saris	sprat	tarty
perks	scram	spray	terms
perky	scrap	spree	terns
perms	scree	sprig	terra
perry	screw	strap	terry
porch	scrub	straw	terse
pored	scrum	stray	three
pores	serai	strew	threw
porky	serfs	strip	throb
porns	serge	strop	throw
ports	serif	strum	thrum
puree	serum	strut	tired
purer	serve	surer	tires
purge	shred	surfs	torah
purls	shrew	surge	torch
purrs	shrub	surly	torso
purse	shrug	syrup	torts
pyres	sired	tardy	torus
rarer	siren	tares	turbo
reran	sires	tarns	turfs
rerun	sores	tarot	turfy
rural	sorry	tarry	turks

turns	worms	aisle	bossy
tyres	wormy	apses	bosun
verbs	worry	apsis	bused
verge	worse	arson	buses
verse	worst	assay	bushy
verso	worth	asses	busts
verve	yards	asset	busty
viral	yarns	basal	cased
virus		based	cases
wards		baser	casks
wares		bases	caste
warms		basic	casts
warns		basil	costs
warps		basin	cusps
warts		basis	cysts
warty		basks	desks
wired		baste	disco
wirer		beset	discs
wires		besot	dishy
words		bests	dosed
wordy		bison	doses
works		bosom	dusky
world		boson	dusts

Third letter

dusty	hosed	masse	nosey
eased	hoses	masts	oases
easel	hosta	meson	oasis
eases	hosts	messy	onset
ensue	husks	miser	ousts
eosin	husky	missy	passe
essay	hussy	mists	pasta
fasts	inset	misty	paste
fishy	issue	moses	pasts
fists	jests	mossy	pasty
fossa	jesus	mused	pesky
fused	laser	muses	pesto
fuses	lasso	mushy	pests
fussy	lasts	music	posed
fusty	lisps	musks	poser
gases	lists	musky	poses
gasps	loser	musts	posit
gassy	loses	musty	posse
gusto	lusts	nasal	posts
gusts	lusty	nasty	pushy
gusty	maser	nests	rased
haste	masks	nosed	rasps
hasty	mason	noses	raspy

reset	tusks	acted	bitty
resin	unset	actor	botch
resit	upset	after	bothy
rests	vases	altar	butch
risen	vests	alter	butte
riser	visas	antic	butts
rises	visit	aptly	bytes
risks	visor	artsy	catch
risky	vista	aster	cater
roses	washy	astir	catty
rosin	wasps	attic	cited
rusks	waste	batch	cites
rusts	wiser	bated	cutie
rusty	wisps	bates	dated
sassy	wispy	bathe	dates
sisal	zesty	baths	datum
sissy		batik	deter
sushi		baton	detox
tasks		batty	ditch
taste		betel	ditto
tasty		biter	ditty
tests		bites	doted
testy		bitts	dotes

Third letter

dotty	gates	latte	motet
dutch	goths	lithe	moths
eaten	gutsy	litre	motif
eater	hatch	lotto	motor
enter	hated	lotus	motto
entry	hater	lutes	muted
ester	hates	match	mutes
extol	hitch	mated	mutts
extra	hotel	mater	myths
fatal	hotly	mates	natal
fated	hutch	matey	netts
fates	inter	maths	notch
fatty	intro	matte	noted
fatwa	iotas	metal	notes
fetal	jetty	meted	nutty
fetch	ketch	meter	oaths
feted	kites	metre	octal
fetes	kitty	metro	octet
fetid	latch	mites	often
fetus	later	mitre	opted
fitly	latex	mitts	optic
futon	lathe	motel	otter
gated	laths	motes	outdo

outer	rated	title	abuse
outgo	rater	titre	abuzz
patch	rates	total	acute
paten	ratio	totem	adult
pater	ratty	tutor	amuck
pates	retch	ultra	amuse
paths	retro	untie	azure
patio	retry	until	baulk
patsy	rites	utter	bluer
patty	rotas	vital	blues
petal	rotor	voted	bluff
peter	sated	voter	blunt
petit	satin	votes	blurb
petty	satyr	watch	blurs
pitch	setts	water	blurt
piths	setup	watts	blush
pithy	sitar	wetly	bough
piton	sited	witch	boule
potch	sites	witty	bound
potty	tatty	yetis	bouts
putti	tetra		brunt
putts	titan		brush
putty	tithe		brute

Third letter

caulk	crude	fauna	glues
cause	cruel	fauns	gluey
chuck	crumb	feuds	gluon
chuff	crump	flues	gouge
chugs	crush	fluff	gourd
chump	crust	fluid	grubs
chums	daunt	fluke	gruel
chunk	deuce	flume	gruff
churn	doubt	flung	grunt
chute	dough	flunk	hauls
clubs	douse	fluor	haunt
cluck	drugs	flush	haute
clued	druid	flute	hound
clues	drums	fouls	hours
clump	drunk	found	house
clung	elude	fount	inure
couch	equal	fours	jaunt
cough	equip	fruit	joule
could	erupt	gaudy	joust
count	etude	gauge	lauds
coupe	exude	gaunt	laugh
coups	exult	gauze	louis
court	fault	glued	louse

lousy	pluto	scull	souls
louts	pouch	shuck	sound
mauls	poult	shuns	soups
mauve	pound	shunt	soupy
mould	pours	shush	sours
moult	pouts	shuts	south
mound	pouty	skuas	spume
mount	prude	skulk	spurn
mourn	prune	skull	spurs
mouse	reuse	skunk	spurt
mousy	rouge	slugs	squad
mouth	rough	slump	squat
nouns	round	slums	squaw
pause	rouse	slung	squib
pluck	route	slunk	squid
plugs	routs	slurp	stubs
plumb	sauce	slurs	stuck
plume	saucy	slush	studs
plump	sauna	smuts	study
plums	saute	snubs	stuff
plumy	scuba	snuck	stump
plunk	scuds	snuff	stung
plush	scuff	souks	stunk

Third letter

stuns	usury	anvil	eaves
stunt	uvula	bevel	elves
swung	vault	caved	envoy
taunt	vaunt	caver	favor
thuds	vouch	caves	fever
thugs	would	cavil	fiver
thumb	wound	civic	fives
thump	wrung	civil	gavel
touch	young	coven	given
tough	yours	cover	giver
tours	youth	coves	gives
touts		covet	haven
truce		covey	haves
truck		devil	havoc
truer		divan	hived
truly		divas	hives
trump		dived	hovel
trunk		diver	hover
truss		dives	jived
trust		divot	jives
truth		dover	lavas
usual		doves	level
usurp		duvet	lever

lived	raver	wives	bawdy
liven	raves	woven	bawls
liver	revel		bowed
lives	revue		bowel
livid	rival		bower
loved	riven		bowie
lover	river		bowls
loves	rivet		byway
moved	roved		cowed
mover	rover		cower
moves	roves		dawns
movie	saved		dowdy
naval	saver		dowel
navel	saves		downs
navvy	savor		downy
never	savoy		dowry
novel	savvy		dowse
paved	seven		fawns
paves	sever		fewer
pivot	vivid		fowls
raved	waved		gawky
ravel	waver		gowns
raven	waves		hawks

Third letter

hewed	sawed	boxed	sexes
hewer	sewed	boxer	sixes
howdy	sewer	boxes	sixth
howls	sowed	buxom	sixty
jawed	sower	coxed	taxed
jewel	tawny	coxes	taxes
jowls	towed	faxed	taxis
kiwis	towel	faxes	texas
lawns	tower	fixed	texts
lower	towns	fixer	toxic
lowly	unwed	fixes	toxin
mowed	vowed	foxed	vexed
mower	vowel	foxes	vexes
newer	wowed	hexed	vixen
newly	yawed	laxer	waxed
newsy	yawls	maxim	waxen
newts	yawns	mixed	waxes
pawed		mixer	
pawns		mixes	
power		mixup	
rowdy		pixel	
rowed		pixie	
rower		sexed	

ab**y**ss	ma**y**or	be**z**el	un**z**ip
ba**y**ed	pa**y**ed	da**z**ed	
ba**y**ou	pa**y**ee	di**z**zy	
bu**y**er	pa**y**er	do**z**ed	
co**y**ly	ph**y**la	do**z**en	
cr**y**pt	ra**y**ed	do**z**es	
do**y**en	ra**y**on	fi**z**zy	
dr**y**er	rh**y**me	fu**z**zy	
dr**y**ly	ro**y**al	ga**z**ed	
fl**y**er	sh**y**er	ga**z**er	
fo**y**er	sh**y**ly	ga**z**es	
fr**y**er	sl**y**er	ha**z**el	
ga**y**er	sl**y**ly	ja**z**zy	
ga**y**ly	st**y**le	la**z**ed	
gl**y**ph	st**y**li	ma**z**es	
id**y**ll	th**y**me	oo**z**ed	
jo**y**ed	to**y**ed	oo**z**es	
ka**y**ak	tr**y**st	pi**z**za	
ke**y**ed	wr**y**ly	ra**z**ed	
la**y**er		ra**z**es	
lo**y**al		ra**z**or	
ma**y**as		si**z**ed	
ma**y**be		si**z**es	

Third letter

151

Words sorted by fourth letter

abeam	axial	carat	delay
adman	babas	cedar	dinar
ahead	banal	cheap	divan
algae	basal	cheat	divas
algal	began	cigar	dread
alias	begat	clean	dream
allay	belay	clear	drear
altar	bleak	cleat	eclat
amman	bleat	cloak	equal
annal	bloat	colas	essay
apian	borax	comas	farad
appal	bread	coral	fatal
areal	break	creak	fecal
areas	bream	cream	feral
arias	briar	croak	fetal
array	broad	cycad	final
assay	bylaw	debar	fleas
atlas	byway	decaf	float
aural	cabal	decal	focal
auras	cacao	decay	foray
avian	canal	degas	freak

friar	kebab	natal	pleat
fugal	knead	naval	polar
galas	kraal	nemas	pumas
gleam	lamas	nodal	pupae
glean	lavas	nomad	pupal
gloat	legal	ocean	rabat
gonad	lilac	octal	radar
great	local	offal	rajah
groan	loyal	organ	rebar
groat	lunar	oscar	recap
halal	macaw	paean	regal
human	madam	pagan	rehab
ideal	mamas	papal	relax
ideas	mayas	papas	relay
iliac	medal	papaw	remap
iliad	metal	pecan	renal
inlay	modal	pedal	repay
iotas	molar	pekan	reran
japan	moral	penal	rival
jehad	moray	petal	roman
jihad	mural	pilaf	rotas
judas	naiad	plead	royal
kayak	nasal	pleas	rural

Fourth letter

sag**as**	spr**ay**	top**az**	whe**at**
sal**ad**	squ**ad**	tor**ah**	wom**an**
scr**am**	squ**at**	tot**al**	wre**ak**
scr**ap**	squ**aw**	tre**ad**	zon**al**
sed**an**	ste**ad**	tre**at**	
ser**ai**	ste**ak**	tri**ad**	
she**af**	ste**al**	tri**al**	
she**ar**	ste**am**	tub**al**	
sho**al**	sto**at**	tub**as**	
sis**al**	str**ap**	tun**as**	
sit**ar**	str**aw**	twe**ak**	
sku**as**	str**ay**	unb**ar**	
sme**ar**	sug**ar**	unj**am**	
sne**ak**	sum**ac**	urb**an**	
sod**as**	swe**ar**	usu**al**	
sof**as**	swe**at**	veg**an**	
sol**ar**	tap**as**	vel**ar**	
som**as**	tex**as**	ven**al**	
son**ar**	tid**al**	vic**ar**	
spe**ak**	tit**an**	vir**al**	
spe**ar**	tod**ay**	vis**as**	
spl**at**	tog**as**	vit**al**	
spr**at**	ton**al**	voc**al**	

adobe	grabs	samba	aback
alibi	grubs	scabs	alack
barbs	gumbo	scuba	alecs
bimbo	herbs	slabs	amuck
blabs	hobby	slobs	apace
blobs	hubby	snobs	batch
bobby	jambs	snubs	beach
bombs	jumbo	stabs	beech
booby	kerbs	stubs	belch
bribe	knobs	swabs	bench
bulbs	lambs	tabby	birch
cabby	limbo	tombs	black
clubs	limbs	tribe	block
combs	lobby	tubby	blocs
crabs	mamba	turbo	botch
cribs	mambo	verbs	brace
curbs	maybe	webby	brick
derby	numbs	wombs	bunch
doubt	plebs	zombi	butch
flabs	probe		catch
garbs	rabbi		check
glebe	rugby		chick
globe	rumba		chock

Fourth letter

chuck	enact	hence	mulch
cinch	epics	hitch	munch
circa	epoch	hunch	niece
clack	erect	hutch	notch
click	erica	juice	ounce
clock	evict	juicy	parch
cluck	exact	ketch	patch
coach	fancy	klick	peace
conch	farce	knack	peach
couch	fence	knock	pence
crack	fetch	lance	perch
crick	filch	larch	piece
crock	finch	latch	pinch
dance	flack	leach	pitch
deuce	fleck	leech	place
disco	flick	lunch	pluck
discs	flock	lurch	poach
ditch	force	lynch	ponce
dunce	frock	march	pooch
dutch	glace	match	porch
edict	grace	mecca	potch
eject	gulch	mercy	pouch
elect	hatch	mince	price

prick	snuck	voice	abide
pricy	space	vouch	abode
punch	speck	watch	acids
quack	specs	welch	amide
quick	spice	wench	anode
ranch	spicy	whack	aside
reach	stack	which	baddy
react	stick	wince	baldy
retch	stock	winch	bands
roach	stuck	witch	bards
sauce	teach	wrack	bawdy
saucy	tench	wreck	beads
shack	thick		beady
shock	torch		bends
shuck	touch		biddy
since	trace		binds
slack	track		birds
slice	tract		blade
slick	trice		bonds
smack	trick		bride
smock	truce		buddy
snack	truck		caddy
snick	twice		candy

Fourth letter

157

cards	finds	herds	needy
chide	folds	holds	nerds
clods	foods	hoods	nerdy
colds	fords	horde	noddy
condo	funds	howdy	outdo
cords	gaudy	kendo	oxide
credo	giddy	kinds	paddy
crude	gilds	lands	panda
curds	glade	lards	plods
daddy	glide	lauds	ponds
dandy	goads	leads	pride
deeds	golds	lends	prods
diode	goods	loads	prude
dowdy	goody	lords	quids
elide	grade	maids	raids
elude	grids	mends	rands
erode	guide	minds	randy
etude	hands	molds	reads
evade	handy	moldy	ready
exude	hardy	moods	reeds
feeds	heads	moody	reedy
fends	heady	muddy	rends
feuds	heeds	needs	rinds

roa**d**s	te**dd**y	wor**d**s	abb**e**y
row**d**y	ten**d**s	wor**d**y	abl**e**d
ru**dd**y	thu**d**s	yar**d**s	abl**e**r
san**d**s	til**d**e		ach**e**d
san**d**y	toa**d**s		ach**e**s
scu**d**s	toa**d**y		acr**e**s
see**d**s	to**dd**y		act**e**d
see**d**y	tra**d**e		add**e**d
sen**d**s	vel**d**t		add**e**r
sha**d**e	ven**d**s		adi**e**u
sha**d**y	voi**d**s		adm**e**n
she**d**s	wan**d**s		aft**e**r
ski**d**s	war**d**s		agr**e**e
sle**d**s	wee**d**s		aid**e**d
sli**d**e	wee**d**y		aid**e**r
sni**d**e	wel**d**s		aid**e**s
so**dd**y	wen**d**s		aim**e**d
spa**d**e	wil**d**s		aim**e**r
stu**d**s	win**d**s		air**e**d
stu**d**y	win**d**y		ald**e**r
sue**d**e	wol**d**s		ali**e**n
swe**d**e	woo**d**s		all**e**y
tar**d**y	woo**d**y		alo**e**s

Fourth letter

alter	bakes	biker	boxed
amber	baled	bikes	boxer
angel	baler	biles	boxes
anger	bales	biped	breed
annex	bared	biter	brief
apnea	barer	bites	bused
apses	bares	bleed	buses
arced	based	bleep	buyer
armed	baser	bluer	bytes
ashen	bases	blues	cadet
ashes	bated	boded	cafes
asked	bates	bodes	caged
askew	bayed	bogey	cages
asses	beget	boned	cagey
asset	beret	bones	caked
aster	beset	boney	cakes
auger	betel	booed	camel
axles	bevel	bored	cameo
babel	bezel	borer	caned
babes	bicep	bores	canes
bagel	bided	bowed	caped
baked	bides	bowel	caper
baker	bidet	bower	capes

car**e**d	cod**e**s	cre**e**l	dic**e**y
car**e**r	cod**e**x	cre**e**p	dik**e**s
car**e**s	com**e**r	cri**e**d	dim**e**r
cas**e**d	com**e**s	cri**e**r	dim**e**s
cas**e**s	com**e**t	cri**e**s	din**e**d
cat**e**r	con**e**d	cru**e**l	din**e**r
cav**e**d	con**e**s	cub**e**d	din**e**s
cav**e**r	coo**e**d	cub**e**s	div**e**d
cav**e**s	cop**e**d	cur**e**d	div**e**r
ced**e**d	cop**e**s	cur**e**r	div**e**s
cel**e**b	cor**e**r	cur**e**s	dog**e**s
cer**e**s	cor**e**s	cyb**e**r	dol**e**d
che**e**k	cov**e**n	dal**e**s	dol**e**s
che**e**p	cov**e**r	dam**e**s	dom**e**d
che**e**r	cov**e**s	dar**e**d	dom**e**s
chi**e**f	cov**e**t	dar**e**s	dop**e**d
cid**e**r	cov**e**y	dat**e**d	dop**e**s
cit**e**d	cow**e**d	dat**e**s	dop**e**y
cit**e**s	cow**e**r	daz**e**d	dos**e**d
clu**e**d	cox**e**d	def**e**r	dos**e**s
clu**e**s	cox**e**s	det**e**r	dot**e**d
cod**e**d	cre**e**d	dic**e**d	dot**e**s
cod**e**r	cre**e**k	dic**e**s	dov**e**r

Fourth letter

doves	eaten	faces	fined
dowel	eater	facet	finer
doyen	eaves	faded	fines
dozed	ebbed	fades	fired
dozen	edged	faked	firer
dozes	edges	fakes	fires
dried	egged	famed	fiver
drier	egret	fared	fives
dries	eider	fares	fixed
dryer	elder	fated	fixer
dudes	elves	fates	fixes
dukes	embed	faxed	flees
dunes	ember	faxes	fleet
duped	emcee	feted	flier
dupes	ended	fetes	flies
dures	enter	fever	flues
duvet	erred	fewer	flyer
dykes	ester	fiber	fogey
eager	ether	fifes	foxed
eared	excel	filed	foxes
eased	expel	filer	foyer
easel	faced	files	freed
eases	facer	filet	freer

frees	gibed	harem	homed
fried	gibes	hares	homer
fries	given	hated	homes
fryer	giver	hater	honed
fumed	gives	hates	hones
fumes	glued	haven	honey
fused	glues	haves	hoped
fuses	gluey	hazel	hopes
gales	gofer	hewed	hosed
gamed	golem	hewer	hoses
gamer	goner	hexed	hotel
games	gooey	hider	hovel
gaped	gored	hides	hover
gapes	gores	hiked	hymen
gases	greed	hiker	hyper
gated	greek	hikes	icier
gates	green	hired	idled
gavel	greet	hirer	idler
gayer	grief	hires	idles
gazed	gruel	hived	impel
gazer	hades	hives	index
gazes	hakea	holed	infer
genes	hared	holes	inked

Fourth letter

inlet	kites	liked	lumen
inner	kneed	liken	lured
inset	kneel	likes	lures
inter	knees	limes	lurex
irked	label	lined	lutes
isles	laced	linen	lyres
islet	laces	liner	maces
ivies	laden	lines	maker
jaded	lager	lived	makes
jades	lakes	liven	males
james	lamed	liver	maned
japes	lanes	lives	manes
jawed	lapel	lobed	mares
jewel	laser	lobes	maser
jived	later	loner	mated
jives	latex	loped	mater
joked	laxer	lopes	mates
joker	layer	loser	matey
jokes	lazed	loses	mazes
jokey	leper	loved	melee
joyed	level	lover	meted
julep	lever	loves	meter
keyed	libel	lower	mikes

miler	moses	nodes	oozes
miles	motel	nosed	opted
mimed	motes	noses	order
mimes	motet	nosey	other
mined	moved	noted	otter
miner	mover	notes	outer
mines	moves	novel	owlet
mired	mowed	nudes	owned
mires	mower	oaken	owner
miser	mules	oases	paced
mites	mused	oboes	pacer
mixed	muses	octet	paces
mixer	muted	odder	pacey
mixes	mutes	offer	paged
model	naked	often	pager
modem	named	ogled	pages
modes	names	ogres	paled
moles	navel	oiled	paler
money	never	oiler	pales
mooed	newer	olden	paned
moped	nicer	older	panel
mopes	niger	onset	panes
mores	nines	oozed	paper

Fourth letter

par**e**d	pli**e**d	qui**e**t	raz**e**s
par**e**r	pli**e**r	rac**e**d	reb**e**l
par**e**s	pli**e**s	rac**e**r	ref**e**r
pat**e**n	pok**e**d	rac**e**s	ren**e**w
pat**e**r	pok**e**r	rag**e**d	rep**e**l
pat**e**s	pok**e**s	rag**e**s	res**e**t
pav**e**d	pol**e**d	rak**e**d	rev**e**l
pav**e**s	pol**e**s	rak**e**s	rid**e**r
paw**e**d	pop**e**s	ram**e**n	rid**e**s
pay**e**d	por**e**d	rap**e**d	ril**e**d
pay**e**e	por**e**s	rap**e**s	ril**e**s
pay**e**r	pos**e**d	rar**e**r	rip**e**n
pet**e**r	pos**e**r	ras**e**d	rip**e**r
pik**e**s	pos**e**s	rat**e**d	ris**e**n
pil**e**d	pow**e**r	rat**e**r	ris**e**r
pil**e**s	pre**e**n	rat**e**s	ris**e**s
pin**e**d	pri**e**d	rav**e**d	rit**e**s
pin**e**s	pri**e**s	rav**e**l	riv**e**n
pin**e**y	pur**e**e	rav**e**n	riv**e**r
pip**e**d	pur**e**r	rav**e**r	riv**e**t
pip**e**r	pyr**e**s	rav**e**s	rob**e**d
pip**e**s	que**e**n	ray**e**d	rob**e**s
pix**e**l	que**e**r	raz**e**d	rod**e**o

roger	saner	shred	sneer
roles	sated	shrew	snoek
roped	saved	shyer	sober
ropes	saver	sided	soles
roses	saves	sider	sones
roved	sawed	sides	sores
rover	scree	sines	sowed
roves	screw	sinew	sower
rowed	semen	sired	speed
rower	seven	siren	spied
ruder	sever	sires	spiel
ruled	sewed	sited	spies
ruler	sewer	sites	spree
rules	sexed	sixes	steed
rumen	sexes	sized	steel
runes	sheen	sizes	steep
rupee	sheep	skied	steer
saber	sheer	skier	sties
safer	sheet	skies	strew
safes	shied	sleek	super
sages	shies	sleep	surer
sakes	shoed	sleet	sweep
sales	shoes	slyer	sweet

Fourth letter

taken	tiles	tubes	utter
taker	timed	tuned	vales
takes	timer	tuner	valet
tales	times	tunes	vaned
tamed	tired	tweed	vanes
tamer	tires	tweet	vases
tames	token	tykes	vexed
taped	tomes	typed	vexes
taper	toned	types	vibes
tapes	toner	tyres	vices
tares	tones	udder	video
taxed	totem	ulcer	viler
taxes	towed	under	vines
telex	towel	unfed	viper
tenet	tower	unmet	vixen
tepee	toyed	unset	voles
thief	trees	unwed	voted
three	tried	upped	voter
threw	trier	upper	votes
tides	tries	upset	vowed
tiger	truer	urged	vowel
tiled	tubed	urges	waded
tiler	tuber	usher	wader

wad**e**s	wil**e**s	zon**e**s	aba**f**t
waf**e**r	win**e**d		alo**f**t
wag**e**d	win**e**s		bee**f**s
wag**e**r	wip**e**d		bee**f**y
wag**e**s	wip**e**r		blu**f**f
wak**e**d	wip**e**s		bo**f**fo
wak**e**n	wir**e**d		bu**f**fs
wak**e**s	wir**e**r		cha**f**e
wal**e**s	wir**e**s		cha**f**f
wan**e**d	wis**e**r		che**f**s
wan**e**s	wiv**e**s		chu**f**f
war**e**s	wok**e**n		cle**f**t
wat**e**r	wom**e**n		cli**f**f
wav**e**d	woo**e**d		com**f**y
wav**e**r	woo**e**r		cra**f**t
wav**e**s	wov**e**n		cro**f**t
wax**e**d	wow**e**d		cu**f**fs
wax**e**n	yaw**e**d		da**f**fy
wax**e**s	yod**e**l		dei**f**y
whe**e**l	yok**e**d		dra**f**t
wid**e**n	yok**e**l		dri**f**t
wid**e**r	yok**e**s		edi**f**y
wid**e**s	zon**e**d		fie**f**s

Fourth letter

fluff	ruffs	adage	chugs
gaffe	scoff	align	clogs
goofs	scuff	amigo	conga
goofy	serfs	badge	congo
graft	shaft	baggy	corgi
gruff	shift	bangs	cough
gulfs	skiff	barge	crags
hoofs	sniff	beige	dagga
huffy	snuff	bergs	deign
jiffy	staff	bilge	dingo
knife	stiff	binge	dingy
kraft	stuff	bingo	dirge
leafy	surfs	boggy	dodge
loafs	swift	bongo	dodgy
muffs	taffy	bongs	doggy
puffs	theft	bough	donga
puffy	toffy	brags	dough
quaff	turfs	budge	drags
quiff	turfy	buggy	dregs
reefs	unify	bulge	drugs
reify	waifs	bulgy	elegy
riffs	whiff	cadge	fangs
roofs		cargo	feign

flags	large	pangs	slogs
flogs	largo	piggy	slugs
foggy	laugh	pings	smogs
forge	ledge	plugs	snags
forgo	leggy	podgy	soggy
frogs	liege	pudgy	songs
fudge	lingo	purge	stage
fungi	lodge	range	stags
gangs	longs	rangy	surge
gauge	lunge	reign	swags
gongs	lungs	ridge	tango
gorge	manga	rings	tangy
gouge	mange	rouge	thigh
hangs	mango	rough	thugs
hedge	mangy	rungs	tinge
henge	merge	sarge	tonga
hinge	midge	sedge	tongs
hoggs	muggy	serge	tough
image	neigh	shags	trigs
imago	nudge	siege	twigs
jingo	omega	singe	usage
judge	outgo	sings	verge
kings	panga	slags	wedge

Fourth letter

weigh	aloha	lochs	washy
wings	alpha	macho	wight
wodge	bathe	maths	yacht
	baths	might	
	bothy	mocha	
	bushy	moths	
	cache	mushy	
	dacha	myths	
	dishy	niche	
	duchy	night	
	eight	oaths	
	fiche	ought	
	fight	paths	
	fishy	piths	
	goths	pithy	
	highs	pushy	
	hight	right	
	itchy	shahs	
	lathe	sighs	
	laths	sight	
	lichi	sushi	
	light	tight	
	lithe	tithe	

acrid	basin	cubic	fetid
admin	basis	cubit	finis
admit	batik	cumin	flail
admix	befit	cupid	flair
aegis	begin	curia	fluid
affix	belie	curie	folio
again	bowie	curio	frail
ambit	braid	cutie	fruit
antic	brail	cynic	genie
anvil	brain	debit	genii
aphid	broil	denim	grail
apsis	cabin	devil	grain
aspic	calif	digit	groin
astir	cavil	drain	habit
attic	chain	droit	helix
audio	chair	druid	humid
audit	choir	eerie	india
auric	cilia	elfin	infix
avail	civic	email	ionic
avoid	civil	eosin	kalif
await	claim	equip	kiwis
basic	comic	ethic	limit
basil	conic	facia	lipid

Fourth letter

livid	nadir	rabid	skein
logic	oasis	radii	slain
login	ohmic	radio	snail
louis	oldie	radix	solid
lucid	optic	ranis	sonic
lupin	orbit	rapid	split
lurid	ovoid	ratio	spoil
lyric	panic	refit	sprig
mafia	paris	relic	squib
magic	patio	relit	squid
mania	peril	remit	staid
manic	petit	remix	stain
maria	pipit	resin	stair
maxim	pixie	resit	stein
media	plaid	rigid	stoic
medic	plain	robin	strip
merit	plait	rosin	tacit
mimic	podia	sahib	tapir
minim	polio	saris	taxis
motif	posit	satin	tepid
movie	pubic	sepia	their
mucid	pupil	serif	tibia
music	quail	sheik	timid

tonic	wadis	banjo	alike
topic	yetis	ninja	araks
toxic			awake
toxin			awoke
trail			backs
train			banks
trait			barks
tulip			barky
tunic			basks
twain			beaks
undid			becks
unfit			bloke
unfix			books
unlit			brake
untie			broke
until			bucks
unzip			bulks
valid			bulky
vapid			bunks
vigil			casks
visit			choke
vivid			cocky
vomit			cooks

Fourth letter

corks	hawks	leaky	nooks
corky	hocks	leeks	oinks
decks	honks	licks	packs
desks	hooks	links	parka
dinky	hooky	locks	parks
docks	hulks	looks	peaks
drake	hunks	lucky	peaky
ducks	hunky	lurks	pecks
dusky	husks	marks	peeks
evoke	husky	masks	perks
flake	jacks	milks	perky
flaky	jerks	milky	pesky
fluke	jerky	minke	picks
folks	jinks	minks	picky
forks	junks	mocks	pinks
funky	khaki	monks	pinky
gawky	kicks	mucks	pocks
gecko	kinks	mucky	polka
geeks	kinky	murky	porky
geeky	lacks	musks	punks
hacks	lanky	musky	punky
haiku	larks	necks	quake
harks	leaks	nicks	racks

ranks	soaks	wacky	abele
reeks	socks	walks	addle
ricks	souks	weeks	adult
rinks	spike	wicks	agile
risks	spiky	winks	aisle
risky	spoke	works	amble
rocks	stake	yanks	ample
rocky	stoke	yolks	amply
rooks	sucks		angle
rucks	sulks		ankle
rusks	sulky		apple
sacks	tacks		apply
seeks	tacky		aptly
shake	talks		atoll
shaky	tanks		badly
silks	tasks		bails
silky	ticks		baulk
sinks	tikka		bawls
slake	treks		belle
smoke	tucks		bells
smoky	turks		belly
snake	tusks		bible
snaky	vodka		bills

Fourth letter

billy	could	dulls	foils
boils	coyly	dully	folly
boule	culls	dwell	fools
bowls	curls	dwelt	fouls
bugle	curly	eagle	fowls
build	cycle	earls	frill
built	daily	early	fuels
bulls	dally	evils	fully
bully	deals	exalt	furls
burly	dealt	exile	gable
cable	dells	exult	gaily
calls	dials	fable	galls
caulk	dilly	fails	gaols
cello	dimly	falls	gayly
cells	doily	fault	gills
chalk	dolls	feels	girls
child	dolly	fella	girly
chili	drill	fells	goals
chill	drily	field	godly
coals	droll	fills	golly
coble	dryly	filly	grill
coils	duals	fitly	guild
cools	duels	foals	guile

guilt	imply	mauls	poult
gulls	jails	meals	psalm
gully	jelly	mealy	pulls
hails	jolly	mills	purls
hallo	joule	mould	qualm
halls	jowls	moult	quell
hauls	keels	nails	quill
heals	kills	newly	quilt
heels	knell	noble	rails
hello	knelt	nobly	rally
hells	knoll	nulls	realm
hills	koala	nyala	reals
hilly	krill	oddly	reels
holla	ladle	opals	reply
holly	lolly	ovals	rials
hotly	lowly	pails	rifle
howls	lulls	palls	rills
hullo	madly	peals	rolls
hulls	mails	peels	sable
hurls	malls	phyla	sadly
icily	manly	pills	sails
idols	maple	polls	sally
idyll	marls	pools	scald

Fourth letter

scale	soils	tills	wells
scalp	souls	title	welly
scaly	spell	toils	wetly
scold	spelt	tolls	whale
scull	spill	tools	whelk
seals	spilt	trill	whelp
sells	stale	troll	while
shale	stalk	truly	whole
shall	stall	tulle	wield
shalt	still	twill	wills
shelf	stilt	uncle	wools
shell	stole	utile	wooly
shyly	style	uvula	world
silly	styli	vault	would
skill	sully	veils	wryly
skulk	surly	vials	yawls
skull	swell	villa	yells
slily	swill	viola	yield
slyly	table	voila	zeals
small	tails	voile	
smell	tally	wails	
smelt	tells	walls	
smile	telly	wanly	

anime	clump	filmy	llama
aroma	comma	firms	loams
atoms	cramp	flame	loamy
balms	crams	flume	looms
balmy	creme	foams	magma
beams	crime	foamy	maims
beamy	crimp	forms	mamma
biome	crumb	frame	mammy
blame	crump	gamma	mummy
blimp	deems	germs	norms
blimy	dogma	gnome	palms
booms	dooms	grams	palmy
brims	drama	grime	perms
calms	drums	grimy	plumb
champ	dummy	gummy	plume
chime	duomo	harms	plump
chimp	edema	helms	plums
chomp	enema	imams	plumy
chump	enemy	items	poems
chums	exams	jemmy	prams
clamp	farms	jimmy	prime
clams	femme	karma	primo
climb	films	lemma	pygmy

Fourth letter

reams	stamp	worms	aeons
rhyme	stems	wormy	agent
roams	stoma	yummy	aging
rooms	stomp	zooms	agony
roomy	stump		aline
rummy	summa		alone
scamp	swami		along
scams	swamp		amend
seams	swims		amens
seamy	teams		amine
seems	teems		amino
shame	terms		among
shams	theme		aping
sigma	thumb		arena
skimp	thump		atone
skims	thyme		avens
slams	tramp		axing
slime	trams		axons
slims	trims		banns
slimy	trump		barns
slump	tummy		beans
slums	warms		beany
spume	whims		being

bland	china	dawns	ferns
blank	chins	deans	ferny
blend	chunk	doing	fiend
blind	clang	downs	flank
blink	clank	downy	flans
blond	clans	drank	fling
blunt	cling	drink	flint
bonny	clink	drone	flung
boons	clone	drunk	flunk
borne	clung	dying	found
bound	coins	earns	fount
brand	coons	ebony	franc
brans	corns	eking	frank
brine	corny	eland	frond
bring	count	evens	front
brink	crane	event	funny
briny	crank	eying	gains
brunt	crone	faint	gaunt
bunny	crony	fanny	giant
burns	cuing	fauna	gland
burnt	damns	fauns	glans
canny	darns	fawns	glens
chant	daunt	feint	glint

Fourth letter

going	jeans	mount	plane
goons	joins	muons	plank
gowns	joint	nanny	plans
grand	khans	ninny	plant
grant	kilns	noons	plunk
grind	lawns	nouns	point
grins	leans	omens	porns
grunt	leant	opens	pound
guano	leone	opine	prang
haunt	liens	orang	prank
henna	lions	ovens	print
hinny	loans	ovine	prone
horns	loins	owing	prong
horny	loony	ozone	prune
hound	lying	pains	rains
hyena	mains	paint	rainy
hymns	manna	pawns	reins
icing	means	penne	rhine
icons	meant	penny	rhino
inane	meany	phone	round
irons	moons	phony	ruins
irony	morns	piano	runny
jaunt	mound	pions	saint

sauna	sonny	swine	turns
scans	sound	swing	twang
scant	spank	swung	twine
scene	spans	taint	twins
scent	spend	tarns	tying
scone	spent	taunt	urine
seine	spine	tawny	using
shank	spins	teens	vaunt
shine	spiny	teeny	veins
shins	stand	terns	vying
shiny	stank	thane	warns
shone	sting	thank	weans
shuns	stink	thine	weeny
shunt	stint	thing	whine
signs	stone	think	whiny
skins	stony	thins	wound
skunk	stung	thong	wrens
slang	stunk	tinny	wring
slant	stuns	tonne	wrong
sling	stunt	towns	wrung
slink	suing	trend	yarns
slung	sunny	trunk	yawns
slunk	swans	tunny	young

Fourth letter

abbot	axion	canon	ergot
abhor	bacon	carol	error
actor	baron	chaos	ethos
adios	baton	cocoa	extol
afoot	bayou	colon	favor
afros	bebop	color	felon
aglow	befog	crook	flood
allot	begot	croon	floor
allow	below	decor	fluor
alloy	besot	decoy	freon
aloof	bigot	demon	furor
anion	bijou	depot	futon
annoy	bison	detox	galop
apron	blood	divot	genoa
arbor	bloom	donor	gloom
ardor	boron	drool	gluon
argon	bosom	droop	groom
argot	boson	elbow	halon
armor	brood	endow	havoc
arrow	brook	enjoy	heron
arson	broom	enrol	honor
ascot	buxom	envoy	humor
axiom	canoe	ephor	idiom

idiot	piton	sodom	union
igloo	pivot	spoof	valor
inbox	prior	spook	vapor
ingot	proof	spool	venom
juror	pylon	spoon	vigor
kloof	radon	spoor	visor
labor	rayon	stood	wagon
lemon	razor	stool	whoop
logos	redox	stoop	widow
major	rigor	strop	xenon
manor	robot	swoon	
mason	rotor	swoop	
mayor	rumor	synod	
melon	salon	taboo	
meson	savor	talon	
minor	savoy	tarot	
moron	scion	tenon	
motor	scoop	tenor	
nohow	scoot	throb	
nylon	shook	throw	
onion	shoot	troop	
phlox	sloop	tumor	
pilot	snoop	tutor	

Fourth letter

adapt	crypt	happy	lumps
adept	cusps	harps	lumpy
adopt	damps	harpy	lymph
agape	deeps	heaps	morph
beeps	drape	helps	mumps
blips	drips	hippo	myope
bumps	drops	hippy	nappy
bumpy	dumps	hoops	nymph
burps	dumpy	humph	okapi
camps	elope	humps	pappy
carps	erupt	inept	peeps
chaps	flaps	jeeps	pimps
chips	flips	jumps	plops
chops	flops	jumpy	poppy
claps	gasps	kappa	preps
clips	glyph	keeps	props
coops	grape	lamps	pulps
corps	graph	leaps	pulpy
coupe	gripe	leapt	pumps
coups	grips	limps	puppy
crepe	grope	lisps	quips
crept	gulps	loops	ralph
crops	guppy	loopy	ramps

rasps	soppy	weepy	abort
raspy	soups	whips	acers
reaps	soupy	wimpy	acorn
romps	steps	wisps	adore
rumps	stops	wispy	adorn
sappy	sumps	wraps	afire
scape	swaps	yelps	agora
scope	swept	zappy	alarm
seeps	swipe	zippy	alert
shape	swops		angry
ships	sylph		apart
shops	tempi		apery
skips	tempo		appro
slaps	tempt		avers
slept	traps		avert
slips	tripe		award
slope	trips		aware
slops	trope		azure
snaps	unapt		barre
snipe	vamps		beard
snips	warps		bears
soaps	wasps		beers
soapy	weeps		beery

Fourth letter

berry	curry	fiery	henry
blare	czars	fiord	hoard
blurb	dairy	fjord	hoary
blurs	dears	flare	hours
blurt	deary	flirt	hurry
board	decry	flora	hydra
boars	diary	fours	hydro
boors	doers	furry	inert
cairn	doors	gears	infra
carry	dowry	genre	intro
chard	dwarf	glare	inure
charm	dyers	glory	ivory
chars	emery	gnarl	jeers
chart	emirs	goers	laird
chary	entry	gourd	lairs
chirp	every	guard	learn
chord	exert	hairs	leers
chore	extra	hairy	leery
churn	fairs	harry	liars
clerk	fairy	heard	litre
cobra	fears	hears	lorry
copra	ferry	heart	lucre
court	fibre	heirs	macro

marry	piers	sears	sorry
merry	pours	seers	sours
metre	purrs	shard	spare
metro	quark	share	spark
micro	quart	shark	spars
mitre	quern	sharp	spire
moors	query	shire	spore
mourn	quire	shirk	sport
myrrh	quirk	shirt	spurn
nears	rearm	shore	spurs
ochre	rears	shorn	spurt
ombre	retro	short	stare
opera	retry	skirl	stark
ovary	roars	skirt	stars
overs	sabra	slurp	start
overt	sabre	slurs	stern
padre	scare	smart	stirs
pairs	scarf	smirk	store
parry	scarp	snare	stork
pearl	scars	snarl	storm
pears	scary	snore	story
peers	score	snort	sward
perry	scorn	soars	swarm

Fourth letter

swirl	usurp	abase	bossy
sword	usury	abash	brash
swore	uteri	abuse	brass
sworn	veers	abyss	brisk
tarry	wears	amass	brush
tears	weary	amiss	burst
teary	weird	amuse	cause
terra	weirs	angst	cease
terry	wharf	anise	chase
tetra	where	apish	chasm
there	whirl	arise	chess
third	whirr	arose	chest
thorn	worry	artsy	chose
tiara	yearn	awash	clash
tiers	years	balsa	clasp
titre	yours	beast	class
tours	zaire	blase	close
twirl	zebra	blast	coast
ultra		bless	copse
umbra		bliss	corse
unarm		blush	crash
unary		boast	crass
users		boost	cress

crest	floss	guise	marsh
crisp	flush	gutsy	masse
cross	foist	gypsy	messy
crush	fossa	harsh	midst
crust	fresh	heist	missy
curse	frisk	hoist	moist
daisy	frost	horse	moose
deism	fussy	house	morse
deist	gassy	hussy	mossy
dense	geese	joist	mouse
douse	ghost	joust	mousy
dowse	gipsy	karst	newsy
dress	glass	kiosk	noise
dross	gloss	lapse	noisy
erase	gnash	lasso	noose
erose	goose	lease	nurse
exist	gorse	leash	obese
false	grasp	least	palsy
feast	grass	loess	pansy
first	grist	loose	parse
flash	gross	louse	passe
flask	guess	lousy	patsy
flesh	guest	manse	pause

Fourth letter

phase	sense	trust	abate
plasm	shush	tryst	abets
plush	sissy	twist	acute
poesy	slash	verse	agate
poise	slosh	verso	amity
posse	slush	waist	aorta
press	smash	welsh	aunts
prise	spasm	whisk	aunty
prism	stash	whist	baits
prose	swash	whose	baste
pulse	swish	worse	batty
purse	swiss	worst	beats
quash	tease	wrest	beets
quasi	tense	wrist	belts
quest	terse	yeast	berth
raise	these		bests
reuse	those		biota
rinse	tipsy		birth
roast	toast		bitts
roost	torso		bitty
rouse	trash		blitz
salsa	tress		blots
sassy	truss		boats

bolts	coats	dusty	forte
booth	colts	earth	forth
boots	costs	edits	forts
booty	crate	elate	forty
bouts	cults	elite	frets
brats	cysts	emits	fritz
broth	darts	empty	froth
brute	death	exits	fusty
busts	debts	facts	gaits
busty	deity	faith	gents
butte	delta	fasts	gifts
butts	dents	fatty	gilts
cacti	depth	feats	girth
carts	diets	fifth	gnats
caste	dints	fifty	goats
casts	dirts	filth	grate
catty	dirty	firth	grits
cents	ditto	fists	gusto
chats	ditty	flats	gusts
chits	dotty	flits	gusty
chute	ducts	flute	hafts
cloth	duets	fonts	halts
clots	dusts	foots	harts

Fourth letter

haste	kitty	matte	newts
hasty	knits	meats	nifty
haute	knots	meaty	ninth
heath	laity	meets	north
heats	lasts	melts	nutty
hefty	latte	mints	omits
hertz	lefts	minty	orate
hilts	lefty	mirth	ousts
hints	lento	mists	ovate
hoots	lifts	misty	pacts
hosta	lists	mitts	pants
hosts	loath	moats	parts
hunts	lofts	molts	party
hurts	lofty	month	pasta
irate	loots	motto	paste
jests	lotto	mouth	pasts
jetty	louts	mufti	pasty
jilts	lusts	musts	patty
jolts	lusty	musty	peaty
junta	malta	mutts	pelts
junto	malts	nasty	pesto
kelts	malty	nests	pests
kilts	masts	netts	petty

photo	rafts	sifts	spate
pieta	rants	silts	spats
piety	ratty	silty	spite
pinto	recto	sixth	spits
pints	rents	sixty	state
plate	rests	skate	suite
plots	rifts	skits	suits
pluto	riots	slate	swath
poets	roots	slats	swats
ports	route	slits	swots
posts	routs	sloth	tarts
potty	runts	slots	tarty
pouts	rusts	smite	taste
pouty	rusty	smith	tasty
punts	salts	smote	tatty
putti	salty	smuts	teats
putts	saute	snits	teeth
putty	scots	softy	tenth
quite	seats	sooth	tents
quits	sects	soots	tests
quota	setts	sooty	testy
quote	shots	sorts	texts
quoth	shuts	south	theta

Fourth letter

tilts	watts	about	demur
tints	welts	afoul	donut
tooth	white	album	ennui
torts	width	aloud	ensue
touts	wilts	amour	femur
trite	witty	annul	fetus
trots	worth	argue	ficus
truth	wrath	argus	flour
tufts	write	augur	flout
unite	writs	awful	focus
units	wrote	beaus	forum
unity	youth	beaux	fraud
vents	zesty	begun	fugue
vests		bogus	gamut
vista		bonus	genus
volts		bosun	ghoul
wafts		caput	group
waits		cloud	grout
waltz		clout	gurus
wants		croup	hocus
warts		datum	humus
warty		debug	ileum
waste		debut	imbue

incur	queue	strut	above
input	rebus	syrup	agave
issue	rebut	thrum	alive
jesus	recur	torus	brave
kudus	recut	trout	bravo
lemur	rerun	uncut	calve
locus	revue	undue	carve
lotus	rogue	vacua	clove
lupus	scour	vague	crave
menus	scout	value	curve
minus	scrub	velum	curvy
mixup	scrum	venue	delve
mogul	segue	venus	drive
mucus	serum	virus	drove
oakum	setup	vogue	glove
occur	shout	zebus	grave
odium	shrub		gravy
odour	shrug		grove
opium	sinus		guava
pinup	snout		halve
pious	spout		heave
pique	stout		heavy
proud	strum		knave

Fourth letter

larva	trove	blown	flown
leave	valve	blows	flows
malva	verve	brawl	frown
mauve	waive	brawn	glows
naive	weave	brews	gnaws
navvy		brown	growl
nerve		brows	grown
nervy		chews	grows
olive		chewy	known
privy		claws	knows
prove		clown	meows
salve		crawl	prawn
salvo		craws	prowl
savvy		crews	prows
serve		crowd	schwa
shave		crown	scowl
shove		crows	shawl
sieve		drawl	shown
slave		drawn	shows
solve		draws	showy
stave		drown	skews
stove		fatwa	slows
suave		flaws	snows

sno**w**y	epo**x**y	alk**y**l	tra**y**s
spa**w**n	pro**x**y	ber**y**l	vin**y**l
spe**w**s	twi**x**t	bra**y**s	
ste**w**s		buo**y**s	
sto**w**s		cla**y**s	
tha**w**s		dra**y**s	
tra**w**l		eth**y**l	
tre**w**s		fra**y**s	
vie**w**s		gre**y**s	
		obe**y**s	
		oka**y**s	
		pla**y**s	
		plo**y**s	
		pol**y**p	
		pra**y**s	
		pre**y**s	
		qua**y**s	
		sat**y**r	
		sib**y**l	
		sla**y**s	
		spa**y**s	
		sta**y**s	
		swa**y**s	

Fourth letter

abuzz

amaze

blaze

booze

boozy

braze

craze

crazy

dizzy

fizzy

froze

furze

fuzzy

gauze

glaze

graze

jazzy

maize

pizza

plaza

prize

seize

whizz

woozy

Words sorted by fifth letter

agora	dogma	hyena	media
aloha	donga	india	mocha
alpha	drama	infra	ninja
aorta	edema	junta	nyala
apnea	enema	kappa	omega
arena	erica	karma	opera
aroma	extra	koala	panda
balsa	facia	larva	panga
biota	fatwa	lemma	parka
china	fauna	llama	pasta
cilia	fella	mafia	phyla
circa	flora	magma	pieta
cobra	fossa	malta	pizza
cocoa	gamma	malva	plaza
comma	genoa	mamba	podia
conga	guava	mamma	polka
copra	hakea	manga	quota
curia	henna	mania	rumba
dacha	holla	manna	sabra
dagga	hosta	maria	salsa
delta	hydra	mecca	samba

Fifth letter

sauna	zebra	blurb	antic
schwa		celeb	aspic
scuba		climb	attic
sepia		crumb	auric
sigma		kebab	basic
stoma		plumb	civic
summa		rehab	comic
terra		sahib	conic
tetra		scrub	cubic
theta		shrub	cynic
tiara		squib	ethic
tibia		throb	franc
tikka		thumb	havoc
tonga			iliac
ultra			ionic
umbra			lilac
uvula			logic
vacua			lyric
villa			magic
viola			manic
vista			medic
vodka			mimic
voila			music

ohmi**c**	able**d**	bear**d**	buil**d**
opti**c**	ache**d**	bide**d**	buse**d**
pani**c**	acri**d**	bipe**d**	cage**d**
pubi**c**	acte**d**	blan**d**	cake**d**
reli**c**	adde**d**	blee**d**	cane**d**
soni**c**	ahea**d**	blen**d**	cape**d**
stoi**c**	aide**d**	blin**d**	care**d**
suma**c**	aime**d**	blon**d**	case**d**
toni**c**	aire**d**	bloo**d**	cave**d**
topi**c**	alou**d**	boar**d**	cede**d**
toxi**c**	amen**d**	bode**d**	char**d**
tuni**c**	aphi**d**	bone**d**	chil**d**
	arce**d**	booe**d**	chor**d**
	arme**d**	bore**d**	cite**d**
	aske**d**	boun**d**	clou**d**
	avoi**d**	bowe**d**	clue**d**
	awar**d**	boxe**d**	code**d**
	bake**d**	brai**d**	cone**d**
	bale**d**	bran**d**	cooe**d**
	bare**d**	brea**d**	cope**d**
	base**d**	bree**d**	coul**d**
	bate**d**	broa**d**	cowe**d**
	baye**d**	broo**d**	coxe**d**

Fifth letter

creed	eared	fiord	gourd
cried	eased	fired	grand
crowd	ebbed	fixed	greed
cubed	edged	fjord	grind
cupid	egged	flood	guard
cured	eland	fluid	guild
cycad	embed	found	hared
dared	ended	foxed	hated
dated	erred	fraud	heard
dazed	faced	freed	hewed
diced	faded	fried	hexed
dined	faked	frond	hiked
dived	famed	fumed	hired
doled	farad	fused	hived
domed	fared	gamed	hoard
doped	fated	gaped	holed
dosed	faxed	gated	homed
doted	feted	gazed	honed
dozed	fetid	gibed	hoped
dread	field	gland	hosed
dried	fiend	glued	hound
druid	filed	gonad	humid
duped	fined	gored	idled

ilia**d**	lope**d**	name**d**	plie**d**
inke**d**	love**d**	noma**d**	poke**d**
irke**d**	luci**d**	nose**d**	pole**d**
jade**d**	lure**d**	note**d**	pore**d**
jawe**d**	luri**d**	ogle**d**	pose**d**
jeha**d**	mane**d**	oile**d**	poun**d**
jiha**d**	mate**d**	ooze**d**	prie**d**
jive**d**	mete**d**	opte**d**	prou**d**
joke**d**	mime**d**	ovoi**d**	rabi**d**
joye**d**	mine**d**	owne**d**	race**d**
keye**d**	mire**d**	pace**d**	rage**d**
knea**d**	mixe**d**	page**d**	rake**d**
knee**d**	mooe**d**	pale**d**	rape**d**
lace**d**	mope**d**	pane**d**	rapi**d**
lair**d**	moul**d**	pare**d**	rase**d**
lame**d**	moun**d**	pave**d**	rate**d**
laze**d**	move**d**	pawe**d**	rave**d**
like**d**	mowe**d**	paye**d**	raye**d**
line**d**	muci**d**	pile**d**	raze**d**
lipi**d**	muse**d**	pine**d**	rigi**d**
live**d**	mute**d**	pipe**d**	rile**d**
livi**d**	naia**d**	plai**d**	robe**d**
lobe**d**	nake**d**	plea**d**	rope**d**

Fifth letter

roun**d**	sowe**d**	tone**d**	wade**d**
rove**d**	spee**d**	towe**d**	wage**d**
rowe**d**	spen**d**	toye**d**	wake**d**
rule**d**	spie**d**	trea**d**	wane**d**
sala**d**	squa**d**	tren**d**	wave**d**
sate**d**	squi**d**	tria**d**	waxe**d**
save**d**	stai**d**	trie**d**	weir**d**
sawe**d**	stan**d**	tube**d**	wiel**d**
scal**d**	stea**d**	tune**d**	wine**d**
scol**d**	stee**d**	twee**d**	wipe**d**
sewe**d**	stoo**d**	type**d**	wire**d**
sexe**d**	swar**d**	undi**d**	wooe**d**
shar**d**	swor**d**	unfe**d**	worl**d**
shie**d**	syno**d**	unwe**d**	woul**d**
shoe**d**	tame**d**	uppe**d**	woun**d**
shre**d**	tape**d**	urge**d**	wowe**d**
side**d**	taxe**d**	vali**d**	yawe**d**
sire**d**	tepi**d**	vane**d**	yiel**d**
site**d**	thir**d**	vapi**d**	yoke**d**
size**d**	tile**d**	vexe**d**	zone**d**
skie**d**	time**d**	vivi**d**	
soli**d**	timi**d**	vote**d**	
soun**d**	tire**d**	vowe**d**	

abase	alone	badge	brake
abate	amaze	barge	brave
abele	amble	barre	braze
abide	amide	baste	bribe
abode	amine	bathe	bride
above	ample	beige	brine
abuse	amuse	belie	broke
acute	angle	belle	brute
adage	anime	bible	budge
addle	anise	bilge	bugle
adobe	ankle	binge	bulge
adore	anode	biome	butte
afire	apace	blade	cable
agape	apple	blame	cache
agate	argue	blare	cadge
agave	arise	blase	calve
agile	arose	blaze	canoe
agree	aside	bloke	carve
aisle	atone	booze	caste
algae	awake	borne	cause
alike	aware	boule	cease
aline	awoke	bowie	chafe
alive	azure	brace	chase

Fifth letter

chide	curse	elite	fluke
chime	curve	elope	flume
choke	cutie	elude	flute
chore	cycle	emcee	force
chose	dance	ensue	forge
chute	delve	erase	forte
clone	dense	erode	frame
close	deuce	erose	froze
clove	diode	etude	fudge
coble	dirge	evade	fugue
copse	dodge	evoke	furze
corse	douse	exile	gable
coupe	dowse	exude	gaffe
crane	drake	fable	gauge
crate	drape	false	gauze
crave	drive	farce	geese
craze	drone	femme	genie
creme	drove	fence	genre
crepe	dunce	fibre	glace
crime	eagle	fiche	glade
crone	eerie	flake	glare
crude	elate	flame	glaze
curie	elide	flare	glebe

glid**e**	haut**e**	larg**e**	mele**e**
glob**e**	heav**e**	lath**e**	merg**e**
glov**e**	hedg**e**	latt**e**	metr**e**
gnom**e**	henc**e**	leas**e**	midg**e**
goos**e**	heng**e**	leav**e**	minc**e**
gorg**e**	hing**e**	ledg**e**	mink**e**
gors**e**	hord**e**	leon**e**	mitr**e**
goug**e**	hors**e**	lieg**e**	moos**e**
grac**e**	hous**e**	lith**e**	mors**e**
grad**e**	imag**e**	litr**e**	mous**e**
grap**e**	imbu**e**	lodg**e**	movi**e**
grat**e**	inan**e**	loos**e**	myop**e**
grav**e**	inur**e**	lous**e**	naiv**e**
graz**e**	irat**e**	lucr**e**	nerv**e**
grim**e**	issu**e**	lung**e**	nich**e**
grip**e**	joul**e**	maiz**e**	niec**e**
grop**e**	judg**e**	mang**e**	nobl**e**
grov**e**	juic**e**	mans**e**	nois**e**
guid**e**	knav**e**	mapl**e**	noos**e**
guil**e**	knif**e**	mass**e**	nudg**e**
guis**e**	ladl**e**	matt**e**	nurs**e**
halv**e**	lanc**e**	mauv**e**	obes**e**
hast**e**	laps**e**	mayb**e**	ochr**e**

Fifth letter

oldie	pixie	purse	sarge
olive	place	quake	sauce
ombre	plane	queue	saute
opine	plate	quire	scale
orate	plume	quite	scape
ounce	poise	quote	scare
ovate	ponce	raise	scene
ovine	posse	range	scone
oxide	price	reuse	scope
ozone	pride	revue	score
padre	prime	rhine	scree
parse	prise	rhyme	sedge
passe	prize	ridge	segue
paste	probe	rifle	seine
pause	prone	rinse	seize
payee	prose	rogue	sense
peace	prove	rouge	serge
pence	prude	rouse	serve
penne	prune	route	shade
phase	pulse	rupee	shake
phone	pupae	sable	shale
piece	puree	sabre	shame
pique	purge	salve	shape

shar**e**	snak**e**	stat**e**	them**e**
shav**e**	snar**e**	stav**e**	ther**e**
shin**e**	snid**e**	stok**e**	thes**e**
shir**e**	snip**e**	stol**e**	thin**e**
shon**e**	snor**e**	ston**e**	thos**e**
shor**e**	solv**e**	stor**e**	thre**e**
shov**e**	spac**e**	stov**e**	thym**e**
sieg**e**	spad**e**	styl**e**	tild**e**
siev**e**	spar**e**	suav**e**	ting**e**
sinc**e**	spat**e**	sued**e**	tith**e**
sing**e**	spic**e**	suit**e**	titl**e**
skat**e**	spik**e**	surg**e**	titr**e**
slak**e**	spin**e**	swed**e**	tonn**e**
slat**e**	spir**e**	swin**e**	trac**e**
slav**e**	spit**e**	swip**e**	trad**e**
slic**e**	spok**e**	swor**e**	trib**e**
slid**e**	spor**e**	tabl**e**	tric**e**
slim**e**	spre**e**	tast**e**	trip**e**
slop**e**	spum**e**	teas**e**	trit**e**
smil**e**	stag**e**	tens**e**	trop**e**
smit**e**	stak**e**	tepe**e**	trov**e**
smok**e**	stal**e**	ters**e**	truc**e**
smot**e**	star**e**	than**e**	tull**e**

Fifth letter

twic**e**	whal**e**	aloo**f**	seri**f**
twin**e**	wher**e**	blu**ff**	shea**f**
uncl**e**	whil**e**	brie**f**	shel**f**
undu**e**	whin**e**	cali**f**	ski**ff**
unit**e**	whit**e**	cha**ff**	sni**ff**
unti**e**	whol**e**	chie**f**	snu**ff**
urin**e**	whos**e**	chu**ff**	spoo**f**
usag**e**	winc**e**	cli**ff**	sta**ff**
util**e**	wodg**e**	deca**f**	sti**ff**
vagu**e**	wors**e**	dwar**f**	stu**ff**
valu**e**	writ**e**	flu**ff**	thie**f**
valv**e**	wrot**e**	grie**f**	whar**f**
venu**e**	zair**e**	gru**ff**	whi**ff**
verg**e**		kali**f**	
vers**e**		kloo**f**	
verv**e**		moti**f**	
vogu**e**		pila**f**	
voic**e**		proo**f**	
voil**e**		qua**ff**	
waiv**e**		qui**ff**	
wast**e**		scar**f**	
weav**e**		sco**ff**	
wedg**e**		scu**ff**	

aging	owing	abash	cloth
along	prang	apish	coach
among	prong	awash	conch
aping	shrug	batch	couch
axing	slang	beach	cough
befog	sling	beech	crash
being	slung	belch	crush
bring	sprig	bench	death
clang	sting	berth	depth
cling	stung	birch	ditch
clung	suing	birth	dough
cuing	swing	blush	dutch
debug	swung	booth	earth
doing	thing	botch	epoch
dying	thong	bough	faith
eking	twang	brash	fetch
eying	tying	broth	fifth
fling	using	brush	filch
flung	vying	bunch	filth
going	wring	butch	finch
icing	wrong	catch	firth
lying	wrung	cinch	flash
orang	young	clash	flesh

Fifth letter

flush	loath	perch	sloth
forth	lunch	pinch	slush
fresh	lurch	pitch	smash
froth	lymph	plush	smith
girth	lynch	poach	sooth
glyph	march	pooch	south
gnash	marsh	porch	stash
graph	match	potch	swash
gulch	mirth	pouch	swath
harsh	month	punch	swish
hatch	morph	quash	sylph
heath	mouth	quoth	teach
hitch	mulch	rajah	teeth
humph	munch	ralph	tench
hunch	myrrh	ranch	tenth
hutch	neigh	reach	thigh
ketch	ninth	retch	tooth
larch	north	roach	torah
latch	notch	rough	torch
laugh	nymph	shush	touch
leach	parch	sixth	tough
leash	patch	slash	trash
leech	peach	slosh	truth

vouch	alibi	aback	clack
watch	cacti	alack	clank
weigh	chili	amuck	clerk
welch	corgi	batik	click
welsh	ennui	baulk	clink
wench	fungi	black	cloak
which	genii	blank	clock
width	khaki	bleak	cluck
winch	lichi	blink	crack
witch	mufti	block	crank
worth	okapi	break	creak
wrath	putti	brick	creek
youth	quasi	brink	crick
	rabbi	brisk	croak
	radii	brook	crock
	serai	caulk	crook
	styli	chalk	drank
	sushi	check	drink
	swami	cheek	drunk
	tempi	chick	flack
	uteri	chock	flank
	zombi	chuck	flask
		chunk	fleck

Fifth letter

flick	shank	spark	whack
flock	shark	speak	whelk
flunk	sheik	speck	whisk
frank	shirk	spook	wrack
freak	shock	stack	wreak
frisk	shook	stalk	wreck
frock	shuck	stank	
greek	skulk	stark	
kayak	skunk	steak	
kiosk	slack	stick	
klick	sleek	stink	
knack	slick	stock	
knock	slink	stork	
plank	slunk	stuck	
pluck	smack	stunk	
plunk	smirk	thank	
prank	smock	thick	
prick	snack	think	
quack	sneak	track	
quark	snick	trick	
quick	snoek	truck	
quirk	snuck	trunk	
shack	spank	tweak	

afoul	bowel	easel	growl
algal	brail	email	gruel
alkyl	brawl	enrol	halal
angel	broil	equal	hazel
annal	cabal	ethyl	hotel
annul	camel	excel	hovel
anvil	canal	expel	ideal
appal	carol	extol	idyll
areal	cavil	fatal	impel
atoll	chill	fecal	jewel
aural	civil	feral	kneel
avail	coral	fetal	knell
awful	crawl	final	knoll
axial	creel	flail	kraal
babel	cruel	focal	krill
bagel	decal	frail	label
banal	devil	frill	lapel
basal	dowel	fugal	legal
basil	drawl	gavel	level
beryl	drill	ghoul	libel
betel	droll	gnarl	local
bevel	drool	grail	loyal
bezel	dwell	grill	medal

Fifth letter

metal	prowl	skill	towel
modal	pupal	skirl	trail
model	pupil	skull	trawl
mogul	quail	small	trial
moral	quell	smell	trill
motel	quill	snail	troll
mural	ravel	snarl	tubal
nasal	rebel	spell	twill
natal	regal	spiel	twirl
naval	renal	spill	until
navel	repel	spoil	usual
nodal	revel	spool	venal
novel	rival	stall	vigil
octal	royal	steal	vinyl
offal	rural	steel	viral
panel	scowl	still	vital
papal	scull	stool	vocal
pearl	shall	swell	vowel
pedal	shawl	swill	wheel
penal	shell	swirl	whirl
peril	shoal	tidal	yodel
petal	sibyl	tonal	yokel
pixel	sisal	total	zonal

abeam	idiom	swarm	acorn
alarm	ileum	thrum	adman
album	madam	totem	admen
axiom	maxim	unarm	admin
bloom	minim	unjam	adorn
bosom	modem	velum	again
bream	oakum	venom	alien
broom	odium		align
buxom	opium		amman
charm	plasm		anion
chasm	prism		apian
claim	psalm		apron
cream	qualm		argon
datum	realm		arson
deism	rearm		ashen
denim	scram		avian
dream	scrum		axion
forum	serum		bacon
gleam	sodom		baron
gloom	spasm		basin
golem	steam		baton
groom	storm		began
harem	strum		begin

Fifth letter

begun	divan	halon	ocean
bison	doyen	haven	often
blown	dozen	heron	olden
boron	drain	human	onion
boson	drawn	hymen	organ
bosun	drown	japan	paean
brain	eaten	known	pagan
brawn	elfin	laden	paten
brown	eosin	learn	pecan
cabin	feign	lemon	pekan
cairn	felon	liken	piton
canon	flown	linen	plain
chain	freon	liven	prawn
churn	frown	login	preen
clean	futon	lumen	pylon
clown	given	lupin	queen
colon	glean	mason	quern
coven	gluon	melon	radon
croon	grain	meson	ramen
crown	green	moron	raven
cumin	groan	mourn	rayon
deign	groin	nylon	reign
demon	grown	oaken	reran

reru**n**	spoo**n**	wide**n**	amig**o**
resi**n**	spur**n**	woke**n**	amin**o**
ripe**n**	stai**n**	woma**n**	appr**o**
rise**n**	stei**n**	wome**n**	audi**o**
rive**n**	ster**n**	wove**n**	banj**o**
robi**n**	swoo**n**	xeno**n**	bimb**o**
roma**n**	swor**n**	year**n**	bing**o**
rosi**n**	take**n**		boff**o**
rume**n**	talo**n**		bong**o**
salo**n**	teno**n**		brav**o**
sati**n**	thor**n**		caca**o**
scio**n**	tita**n**		came**o**
scor**n**	toke**n**		carg**o**
seda**n**	toxi**n**		cell**o**
seme**n**	trai**n**		cond**o**
seve**n**	twai**n**		cong**o**
shee**n**	unio**n**		cred**o**
shor**n**	urba**n**		curi**o**
show**n**	vega**n**		ding**o**
sire**n**	vixe**n**		disc**o**
skei**n**	wago**n**		ditt**o**
slai**n**	wake**n**		duom**o**
spaw**n**	waxe**n**		foli**o**

Fifth letter

forg**o**	mach**o**	sal**v**o	bebo**p**
geck**o**	macr**o**	taboo	bice**p**
guan**o**	mamb**o**	tang**o**	blee**p**
gumb**o**	mang**o**	temp**o**	blim**p**
gust**o**	metr**o**	tors**o**	cham**p**
hall**o**	micr**o**	turb**o**	chea**p**
hell**o**	mott**o**	vers**o**	chee**p**
hipp**o**	outd**o**	vide**o**	chim**p**
hull**o**	outg**o**		chir**p**
hydr**o**	pati**o**		chom**p**
igloo	pest**o**		chum**p**
imag**o**	phot**o**		clam**p**
intr**o**	pian**o**		clas**p**
jing**o**	pint**o**		clum**p**
jumb**o**	plut**o**		cram**p**
junt**o**	poli**o**		cree**p**
kend**o**	prim**o**		crim**p**
larg**o**	radi**o**		cris**p**
lass**o**	rati**o**		crou**p**
lent**o**	rect**o**		crum**p**
limb**o**	retr**o**		droo**p**
ling**o**	rhin**o**		equi**p**
lott**o**	rode**o**		galo**p**

gras**p**	stam**p**	abho**r**	base**r**
grou**p**	stee**p**	able**r**	bike**r**
jule**p**	stom**p**	acto**r**	bite**r**
mixu**p**	stoo**p**	adde**r**	blue**r**
pinu**p**	stra**p**	afte**r**	bore**r**
plum**p**	stri**p**	aide**r**	bowe**r**
poly**p**	stro**p**	aime**r**	boxe**r**
reca**p**	stum**p**	alde**r**	bria**r**
rema**p**	swam**p**	alta**r**	buye**r**
scal**p**	swee**p**	alte**r**	cape**r**
scam**p**	swoo**p**	ambe**r**	care**r**
scar**p**	syru**p**	amou**r**	cate**r**
scoo**p**	thum**p**	ange**r**	cave**r**
scra**p**	tram**p**	arbo**r**	ceda**r**
setu**p**	troo**p**	ardo**r**	chai**r**
shar**p**	trum**p**	armo**r**	chee**r**
shee**p**	tuli**p**	aste**r**	choi**r**
skim**p**	unzi**p**	asti**r**	cide**r**
slee**p**	usur**p**	auge**r**	ciga**r**
sloo**p**	whel**p**	augu**r**	clea**r**
slum**p**	whoo**p**	bake**r**	code**r**
slur**p**		bale**r**	colo**r**
snoo**p**		bare**r**	come**r**

Fifth letter

225

corer	elder	flyer	idler
cover	ember	foyer	incur
cower	enter	freer	infer
crier	ephor	friar	inner
curer	error	fryer	inter
cyber	ester	furor	joker
debar	ether	gamer	juror
decor	facer	gayer	labor
defer	favor	gazer	lager
demur	femur	giver	laser
deter	fever	gofer	later
dimer	fewer	goner	laxer
dinar	fiber	hater	layer
diner	filer	hewer	lemur
diver	finer	hider	leper
donor	firer	hiker	lever
dover	fiver	hirer	liner
drear	fixer	homer	liver
drier	flair	honor	loner
dryer	flier	hover	loser
eager	floor	humor	lover
eater	flour	hyper	lower
eider	fluor	icier	lunar

major	odour	power	ruler
maker	offer	prior	rumor
manor	oiler	purer	saber
maser	older	queer	safer
mater	order	racer	saner
mayor	oscar	radar	satyr
meter	other	rarer	saver
miler	otter	rater	savor
miner	outer	raver	scour
minor	owner	razor	sever
miser	pacer	rebar	sewer
mixer	pager	recur	shear
molar	paler	refer	sheer
motor	paper	rider	shyer
mover	parer	rigor	sider
mower	pater	riper	sitar
nadir	payer	riser	skier
never	peter	river	slyer
newer	piper	roger	smear
nicer	plier	rotor	sneer
niger	poker	rover	sober
occur	polar	rower	solar
odder	poser	ruder	sonar

Fifth letter

sower	tumor	waver	abets
spear	tuner	whirr	abyss
spoor	tutor	wider	acers
stair	udder	wiper	aches
steer	ulcer	wirer	acids
sugar	unbar	wiser	acres
super	under	wooer	adios
surer	upper		aegis
swear	usher		aeons
taker	utter		afros
tamer	valor		aides
taper	vapor		alecs
tapir	velar		alias
tenor	vicar		aloes
their	vigor		amass
tiger	viler		amens
tiler	viper		amiss
timer	visor		apses
toner	voter		apsis
tower	wader		araks
trier	wafer		areas
truer	wager		argus
tuber	water		arias

ashes	bards	belts	boats
asses	bares	bends	bodes
atlas	barks	bergs	bogus
atoms	barns	bests	boils
aunts	bases	bides	bolts
auras	basis	bikes	bombs
avens	basks	biles	bonds
avers	bates	bills	bones
axles	baths	binds	bongs
axons	bawls	birds	bonus
babas	beads	bites	books
babes	beaks	bitts	booms
backs	beams	blabs	boons
bails	beans	bless	boors
baits	bears	blips	boots
bakes	beats	bliss	bores
bales	beaus	blobs	bouts
balms	becks	blocs	bowls
bands	beefs	blots	boxes
bangs	beeps	blows	brags
banks	beers	blues	brans
banns	beets	blurs	brass
barbs	bells	boars	brats

Fifth letter

brays	camps	chits	colds
brews	canes	chops	colts
brims	capes	chugs	comas
brows	cards	chums	combs
bucks	cares	cites	comes
buffs	carps	clams	cones
bulbs	carts	clans	cooks
bulks	cases	claps	cools
bulls	casks	class	coons
bumps	casts	claws	coops
bunks	caves	clays	copes
buoys	cells	clips	cords
burns	cents	clods	cores
burps	ceres	clogs	corks
buses	chaos	clots	corns
busts	chaps	clubs	corps
butts	chars	clues	costs
bytes	chats	coals	coups
cafes	chefs	coats	coves
cages	chess	codes	coxes
cakes	chews	coils	crabs
calls	chins	coins	crags
calms	chips	colas	crams

crass	damps	dines	dregs
craws	dares	dints	dress
cress	darns	dirts	dries
crews	darts	discs	drips
cribs	dates	divas	drops
cries	dawns	dives	dross
crops	deals	docks	drugs
cross	deans	doers	drums
crows	dears	doges	duals
cubes	debts	doles	ducks
cuffs	decks	dolls	ducts
culls	deeds	domes	dudes
cults	deems	dooms	duels
curbs	deeps	doors	duets
curds	degas	dopes	dukes
cures	dells	doses	dulls
curls	dents	dotes	dumps
cusps	desks	doves	dunes
cysts	dials	downs	dupes
czars	dices	dozes	dures
dales	diets	drags	dusts
dames	dikes	draws	dyers
damns	dimes	drays	dykes

Fifth letter

earls	fares	finds	flues
earns	farms	fines	foals
eases	fasts	finis	foams
eaves	fates	fires	focus
edges	fauns	firms	foils
edits	fawns	fists	folds
elves	faxes	fives	folks
emirs	fears	fixes	fonts
emits	feats	flabs	foods
epics	feeds	flags	fools
ethos	feels	flans	foots
evens	fells	flaps	fords
evils	fends	flats	forks
exams	ferns	flaws	forms
exits	fetes	fleas	forts
faces	fetus	flees	fouls
facts	feuds	flies	fours
fades	ficus	flips	fowls
fails	fiefs	flits	foxes
fairs	fifes	flogs	frays
fakes	files	flops	frees
falls	fills	floss	frets
fangs	films	flows	fries

frogs	gents	gongs	gusts
fuels	genus	goods	hacks
fumes	germs	goofs	hades
funds	gibes	goons	hafts
furls	gifts	gores	hails
fuses	gilds	goths	hairs
gains	gills	gowns	halls
gaits	gilts	grabs	halts
galas	girls	grams	hands
gales	gives	grass	hangs
galls	glans	greys	hares
games	glass	grids	harks
gangs	glens	grins	harms
gaols	gloss	grips	harps
gapes	glows	grits	harts
garbs	glues	gross	hates
gases	gnats	grows	hauls
gasps	gnaws	grubs	haves
gates	goads	guess	hawks
gazes	goals	gulfs	heads
gears	goats	gulls	heals
geeks	goers	gulps	heaps
genes	golds	gurus	hears

Fifth letter

heats	hones	icons	jinks
heeds	honks	ideas	jives
heels	hoods	idles	joins
heirs	hoofs	idols	jokes
hells	hooks	imams	jolts
helms	hoops	iotas	jowls
helps	hoots	irons	judas
herbs	hopes	isles	jumps
herds	horns	items	junks
hides	hoses	ivies	keels
highs	hosts	jacks	keeps
hikes	hours	jades	kelts
hills	howls	jails	kerbs
hilts	hulks	jambs	khans
hints	hulls	james	kicks
hires	humps	japes	kills
hives	humus	jeans	kilns
hocks	hunks	jeeps	kilts
hocus	hunts	jeers	kinds
hoggs	hurls	jerks	kings
holds	hurts	jests	kinks
holes	husks	jesus	kites
homes	hymns	jilts	kiwis

knees	leaks	loams	lumps
knits	leans	loans	lungs
knobs	leaps	lobes	lupus
knots	leeks	lochs	lures
knows	leers	locks	lurks
kudus	lefts	locus	lusts
laces	lends	loess	lutes
lacks	liars	lofts	lyres
lairs	licks	logos	maces
lakes	liens	loins	maids
lamas	lifts	longs	mails
lambs	likes	looks	maims
lamps	limbs	looms	mains
lands	limes	loops	makes
lanes	limps	loots	males
lards	lines	lopes	malls
larks	links	lords	malts
lasts	lions	loses	mamas
laths	lisps	lotus	manes
lauds	lists	louis	mares
lavas	lives	louts	marks
lawns	loads	loves	marls
leads	loafs	lulls	masks

Fifth letter

235

masts	minus	mucks	nines
mates	mires	mucus	nodes
maths	mists	muffs	nooks
mauls	mites	mules	noons
mayas	mitts	mumps	norms
mazes	mixes	muons	noses
meals	moats	muses	notes
means	mocks	musks	nouns
meats	modes	musts	nudes
meets	molds	mutes	nulls
melts	moles	mutts	numbs
mends	molts	myths	oases
menus	monks	nails	oasis
meows	moods	names	oaths
mikes	moons	nears	obeys
miles	moors	necks	oboes
milks	mopes	needs	ogres
mills	mores	nemas	oinks
mimes	morns	nerds	okays
minds	moses	nests	omens
mines	motes	netts	omits
minks	moths	newts	oozes
mints	moves	nicks	opals

opens	pasts	pines	poles
ousts	pates	pings	polls
ovals	paths	pinks	ponds
ovens	paves	pints	pools
overs	pawns	pions	popes
paces	peaks	pious	pores
packs	peals	pipes	porns
pacts	pears	piths	ports
pages	pecks	plans	poses
pails	peeks	plays	posts
pains	peels	pleas	pours
pairs	peeps	plebs	pouts
pales	peers	plies	prams
palls	pelts	plods	prays
palms	perks	plops	preps
panes	perms	plots	press
pangs	pests	ploys	preys
pants	picks	plugs	pries
papas	piers	plums	prods
pares	pikes	pocks	props
paris	piles	poems	prows
parks	pills	poets	puffs
parts	pimps	pokes	pulls

Fifth letter

pulps	ranis	ricks	rooms
pumas	ranks	rides	roots
pumps	rants	riffs	ropes
punks	rapes	rifts	roses
punts	rasps	riles	rotas
purls	rates	rills	routs
purrs	raves	rinds	roves
putts	razes	rings	rucks
pyres	reads	rinks	ruffs
quays	reals	riots	ruins
quids	reams	rises	rules
quips	reaps	risks	rumps
quits	rears	rites	runes
races	rebus	roads	rungs
racks	reeds	roams	runts
rafts	reefs	roars	rusks
rages	reeks	robes	rusts
raids	reels	rocks	sacks
rails	reins	roles	safes
rains	rends	rolls	sagas
rakes	rents	romps	sages
ramps	rests	roofs	sails
rands	rials	rooks	sakes

sales	serfs	sings	slips
salts	setts	sinks	slits
sands	sexes	sinus	slobs
saris	shags	sires	slogs
saves	shahs	sites	slops
scabs	shams	sixes	slots
scams	sheds	sizes	slows
scans	shies	skews	slugs
scars	shins	skids	slums
scots	ships	skies	slurs
scuds	shoes	skims	smogs
seals	shops	skins	smuts
seams	shots	skips	snags
sears	shows	skits	snaps
seats	shuns	skuas	snips
sects	shuts	slabs	snits
seeds	sides	slags	snobs
seeks	sifts	slams	snows
seems	sighs	slaps	snubs
seeps	signs	slats	soaks
seers	silks	slays	soaps
sells	silts	sleds	soars
sends	sines	slims	socks

Fifth letter

sodas	spurs	swaps	tears
sofas	stabs	swats	teats
soils	stags	sways	teems
soles	stars	swims	teens
somas	stays	swiss	tells
sones	stems	swops	tends
songs	steps	swots	tents
soots	stews	tacks	terms
sores	sties	tails	terns
sorts	stirs	takes	tests
souks	stops	tales	texas
souls	stows	talks	texts
soups	stubs	tames	thaws
sours	studs	tanks	thins
spans	stuns	tapas	thuds
spars	sucks	tapes	thugs
spats	suits	tares	ticks
spays	sulks	tarns	tides
specs	sumps	tarts	tiers
spews	surfs	tasks	tiles
spies	swabs	taxes	tills
spins	swags	taxis	tilts
spits	swans	teams	times

tints	tries	users	volts
tires	trigs	vales	votes
toads	trims	vamps	wades
togas	trips	vanes	wadis
toils	trots	vases	wafts
tolls	truss	veers	wages
tombs	tubas	veils	waifs
tomes	tubes	veins	wails
tones	tucks	vends	waits
tongs	tufts	vents	wakes
tools	tunas	venus	wales
torts	tunes	verbs	walks
torus	turfs	vests	walls
tours	turks	vexes	wands
touts	turns	vials	wanes
towns	tusks	vibes	wants
trams	twigs	vices	wards
traps	twins	views	wares
trays	tykes	vines	warms
trees	types	virus	warns
treks	tyres	visas	warps
tress	units	voids	warts
trews	urges	voles	wasps

Fifth letter

241

watts	wings	yelps	abaft
waves	winks	yetis	abbot
waxes	wipes	yokes	abort
weans	wires	yolks	about
wears	wisps	yours	adapt
weeds	wives	zeals	adept
weeks	wolds	zebus	admit
weeps	wombs	zones	adopt
weirs	woods	zooms	adult
welds	wools		afoot
wells	words		agent
welts	works		alert
wends	worms		allot
whims	wraps		aloft
whips	wrens		ambit
wicks	writs		angst
wides	yanks		apart
wilds	yards		argot
wiles	yarns		ascot
wills	yawls		asset
wilts	yawns		audit
winds	years		avert
wines	yells		await

beast	carat	debut	evict
befit	chant	deist	exact
begat	chart	depot	exalt
beget	cheat	digit	exert
begot	chest	divot	exist
beret	cleat	donut	exult
beset	cleft	doubt	facet
besot	clout	draft	faint
bidet	coast	drift	fault
bigot	comet	droit	feast
blast	count	duvet	feint
bleat	court	dwelt	fight
bloat	covet	eclat	filet
blunt	craft	edict	first
blurt	crept	egret	fleet
boast	crest	eight	flint
boost	croft	eject	flirt
brunt	crust	elect	float
built	crypt	enact	flout
burnt	cubit	erect	foist
burst	daunt	ergot	fount
cadet	dealt	erupt	front
caput	debit	event	frost

Fifth letter

fruit	idiot	might	print
gamut	inept	moist	quart
gaunt	inert	motet	quest
ghost	ingot	moult	quiet
giant	inlet	mount	quilt
glint	input	night	rabat
gloat	inset	octet	react
graft	islet	onset	rebut
grant	jaunt	orbit	recut
great	joint	ought	refit
greet	joist	overt	relit
grist	joust	owlet	remit
groat	karst	paint	reset
grout	knelt	petit	resit
grunt	kraft	pilot	right
guest	leant	pipit	rivet
guilt	leapt	pivot	roast
habit	least	plait	robot
haunt	light	plant	roost
heart	limit	pleat	saint
heist	meant	point	scant
hight	merit	posit	scent
hoist	midst	poult	scoot

scout	split	theft	visit
shaft	sport	tight	vomit
shalt	spout	toast	waist
sheet	sprat	tract	wheat
shift	spurt	trait	whist
shirt	squat	treat	wight
shoot	start	trout	worst
short	stilt	trust	wrest
shout	stint	tryst	wrist
shunt	stoat	tweet	yacht
sight	stout	twist	yeast
skirt	strut	twixt	
slant	stunt	unapt	
sleet	sweat	uncut	
slept	sweet	unfit	
smart	swept	unlit	
smelt	swift	unmet	
snort	tacit	unset	
snout	taint	upset	
spelt	tarot	valet	
spent	taunt	vault	
spilt	tempt	vaunt	
splat	tenet	veldt	

Fifth letter

adie**u**	aglo**w**	admi**x**	abbe**y**
bayo**u**	allo**w**	affi**x**	agon**y**
bijo**u**	arro**w**	anne**x**	alla**y**
haik**u**	aske**w**	beau**x**	alle**y**
	belo**w**	bora**x**	allo**y**
	byla**w**	code**x**	amit**y**
	elbo**w**	deto**x**	ampl**y**
	endo**w**	heli**x**	angr**y**
	maca**w**	inbo**x**	anno**y**
	noho**w**	inde**x**	aper**y**
	papa**w**	infi**x**	appl**y**
	rene**w**	late**x**	aptl**y**
	scre**w**	lure**x**	arra**y**
	shre**w**	phlo**x**	arts**y**
	sine**w**	radi**x**	assa**y**
	squa**w**	redo**x**	aunt**y**
	stra**w**	rela**x**	badd**y**
	stre**w**	remi**x**	badl**y**
	thre**w**	tele**x**	bagg**y**
	thro**w**	unfi**x**	bald**y**
	wido**w**		balm**y**
			bark**y**
			batt**y**

bawdy	briny	corky	derby
beady	buddy	corny	diary
beamy	buggy	covey	dicey
beany	bulgy	coyly	dilly
beefy	bulky	crazy	dimly
beery	bully	crony	dingy
belay	bumpy	curly	dinky
belly	bunny	curry	dirty
berry	burly	curvy	dishy
biddy	bushy	daddy	ditty
billy	busty	daffy	dizzy
bitty	byway	daily	dodgy
blimy	cabby	dairy	doggy
bobby	caddy	daisy	doily
bogey	cagey	dally	dolly
boggy	candy	dandy	dopey
boney	canny	deary	dotty
bonny	carry	decay	dowdy
booby	catty	decoy	downy
booty	chary	decry	dowry
boozy	chewy	deify	drily
bossy	cocky	deity	dryly
bothy	comfy	delay	duchy

Fifth letter

dully	ferry	gassy	hairy
dummy	fiery	gaudy	handy
dumpy	fifty	gawky	happy
dusky	filly	gayly	hardy
dusty	filmy	geeky	harpy
early	fishy	giddy	harry
ebony	fitly	gipsy	hasty
edify	fizzy	girly	heady
elegy	flaky	glory	heavy
emery	foamy	gluey	hefty
empty	fogey	godly	henry
enemy	foggy	golly	hilly
enjoy	folly	goody	hinny
entry	foray	gooey	hippy
envoy	forty	goofy	hoary
epoxy	fully	gravy	hobby
essay	funky	grimy	holly
every	funny	gully	honey
fairy	furry	gummy	hooky
fancy	fussy	guppy	horny
fanny	fusty	gusty	hotly
fatty	fuzzy	gutsy	howdy
ferny	gaily	gypsy	hubby

huffy	kitty	mangy	mummy
hunky	laity	manly	murky
hurry	lanky	marry	mushy
husky	leafy	matey	musky
hussy	leaky	mealy	musty
icily	leery	meany	nanny
imply	lefty	meaty	nappy
inlay	leggy	mercy	nasty
irony	loamy	merry	navvy
itchy	lobby	messy	needy
ivory	lofty	milky	nerdy
jazzy	lolly	minty	nervy
jelly	loony	missy	newly
jemmy	loopy	misty	newsy
jerky	lorry	moldy	nifty
jetty	lousy	money	ninny
jiffy	lowly	moody	nobly
jimmy	lucky	moray	noddy
jokey	lumpy	mossy	noisy
jolly	lusty	mousy	nosey
juicy	madly	mucky	nutty
jumpy	malty	muddy	oddly
kinky	mammy	muggy	ovary

Fifth letter

pacey	pinky	randy	sandy
paddy	pithy	rangy	sappy
palmy	plumy	raspy	sassy
palsy	podgy	ratty	saucy
pansy	poesy	ready	savoy
pappy	poppy	reedy	savvy
parry	porky	reify	scaly
party	potty	relay	scary
pasty	pouty	repay	seamy
patsy	pricy	reply	seedy
patty	privy	retry	shady
peaky	proxy	risky	shaky
peaty	pudgy	rocky	shiny
penny	puffy	roomy	showy
perky	pulpy	rowdy	shyly
perry	punky	ruddy	silky
pesky	puppy	rugby	silly
petty	pushy	rummy	silty
phony	putty	runny	sissy
picky	pygmy	rusty	sixty
piety	query	sadly	slily
piggy	rainy	sally	slimy
piney	rally	salty	slyly

smoky	surly	toffy	windy
snaky	tabby	truly	wispy
snowy	tacky	tubby	witty
soapy	taffy	tummy	woody
soddy	tally	tunny	wooly
softy	tangy	turfy	woozy
soggy	tardy	unary	wordy
sonny	tarry	unify	wormy
sooty	tarty	unity	worry
soppy	tasty	usury	wryly
sorry	tatty	wacky	yummy
soupy	tawny	wanly	zappy
spicy	teary	warty	zesty
spiky	teddy	washy	zippy
spiny	teeny	weary	
spray	telly	webby	
stony	terry	weedy	
story	testy	weeny	
stray	tinny	weepy	
study	tipsy	welly	
sulky	toady	wetly	
sully	today	whiny	
sunny	toddy	wimpy	

Fifth letter

abuzz

blitz

fritz

hertz

topaz

waltz

whizz

Made in the USA
Las Vegas, NV
18 May 2023

72184861R00142